Competència lingüística

Llengua catalana
1r Batxillerat

Ortografia, Morfologia i Lèxic

Castellnou
EDICIONS

ANDREU FREIXES
NÚRIA CÒRDOVA

Competència lingüística

Llengua catalana
1r Batxillerat

Ortografia, Morfologia i Lèxic

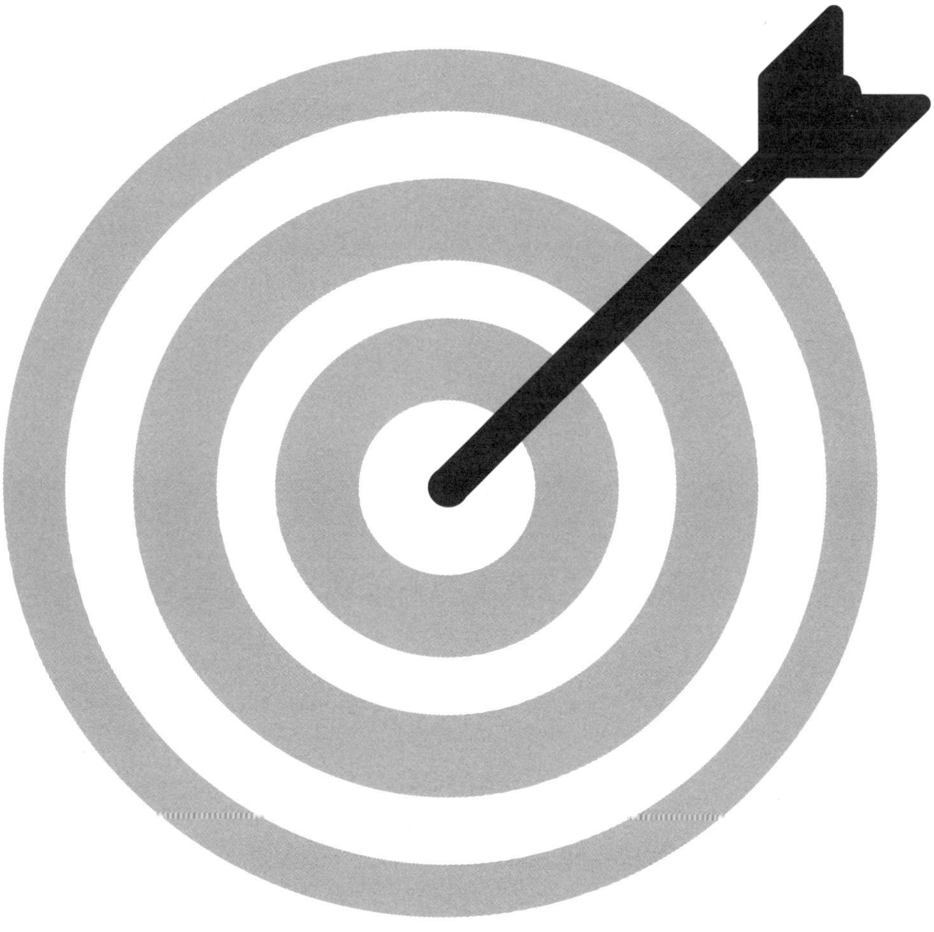

Castellnou Edicions Telèfon d'atenció al professorat: 934 961 400

www.castellnouedicions.com

Direcció editorial: Dolors Rius

Edició i correcció: Vicky Nebot
Revisió de continguts i adaptació curricular: Jordi Grifoll
Disseny de l'interior i de la coberta: Mireia Serrano
Maquetació: Meritxell Carceller
Fotografies: Fotolia

Primera edició: abril de 2017
Segona edició (corregida): juliol de 2017
ISBN: 978-84-98047-32-5
Dipòsit legal: B.19.598-2017
Printed in Spain

Castellnou Edicions
Osona, 8
08023 Barcelona
www.castellnouedicions.com

El manual que tens a les mans, *Competència lingüística 1*, pretén facilitar-te un **bon coneixement** de la llengua catalana, tant pel que fa a l'**ortografia**, com a la **morfologia** i el **lèxic**.

Competència lingüística 1 és un manual que presenta els apunts teòrics de cada tema d'una manera clara i esquemàtica, però tot i així és un manual eminentment pràctic, ja que ofereix una gran varietat d'exercicis, els quals fan possible l'adquisició de la norma, i, en definitiva, el domini de l'ortografia i la gramàtica necessaris per elaborar i presentar correctament qualsevol producció oral, audiovisual o escrita.

L'objectiu, tal com diu el currículum oficial de la matèria de Llengua catalana i literatura per al Batxillerat, és **fer del coneixement gramatical una eina eficaç per aprofundir en la comprensió, l'anàlisi i el comentari de textos i, en general, en la millora de l'ús de la llengua**.

L'aplicació dels **coneixements lingüístics**, pragmàtics, discursius i de correcció (domini de la norma) en l'elaboració de textos orals, escrits i audiovisuals propis, permet l'assoliment de l'autonomia i el rigor en la correcció i autoavaluació de les competències comunicatives.

Aquest manual fa parella amb *Competència lingüística 2*, el qual està pensat per complementar-lo, i especialment per tractar de forma més específica els continguts lingüístics que són l'element nuclear de 2n de Batxillerat: **fonètica**, **sintaxi** (complementació verbal, pronoms febles, relatius i oració composta en general) i **lèxic** (sinònims, antònims, hiperònims, frases fetes, etc.).

Desitgem que aquest manual sigui una eina ben útil per a la teva formació en aquesta etapa educativa!

Els autors

ORTOGRAFIA

MORFOLOGIA

LÈXIC

Unitat 1: El domini lingüístic del català

El català es parla en diversos territoris que actualment pertanyen a quatre estats diferents: Espanya, França, Andorra i Itàlia. Les varietats geogràfiques reben el nom de dialectes i, en el cas del català, en podem distingir dos grans blocs: l'occidental i l'oriental.

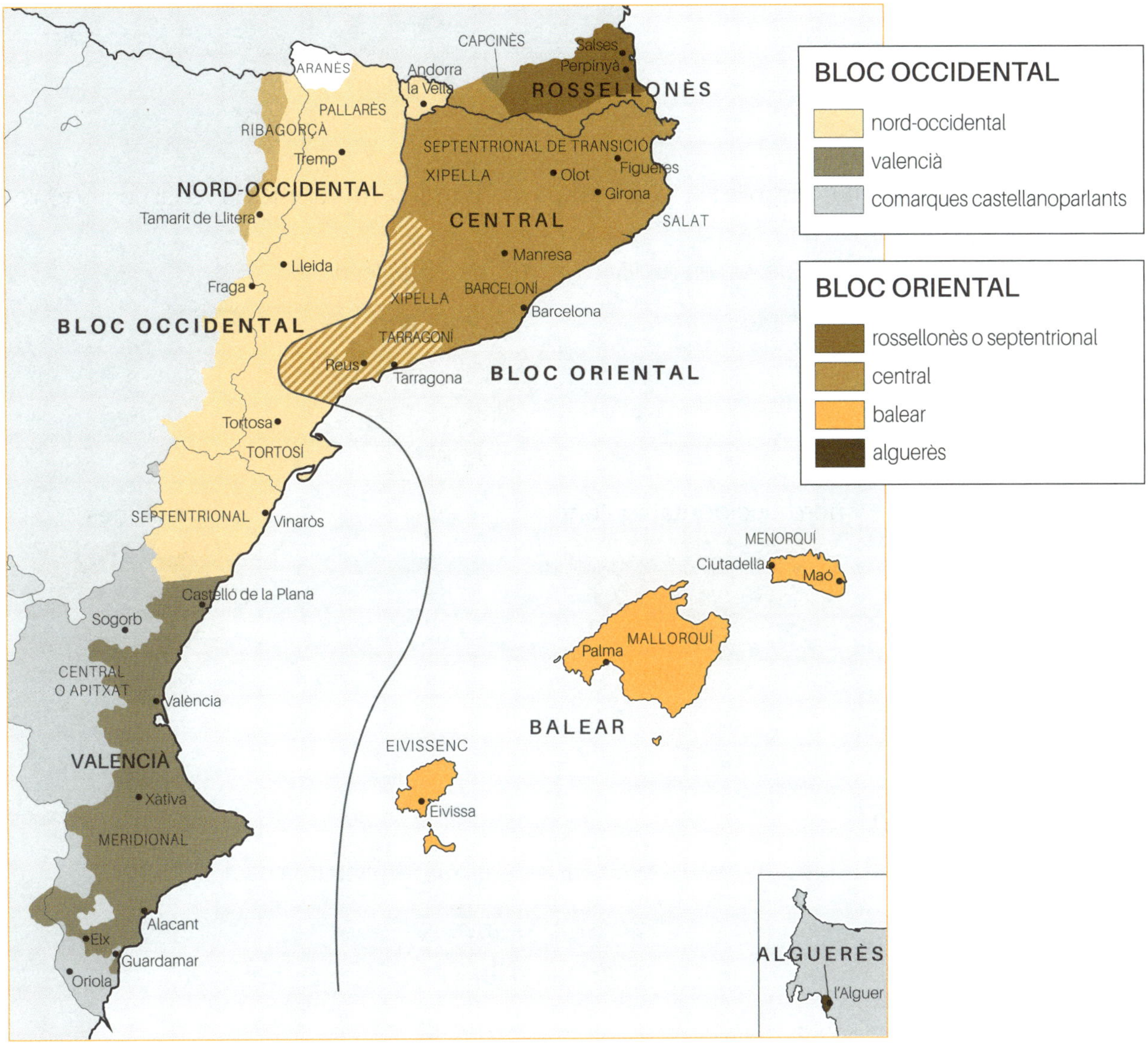

Variació dialectal

- **bloc occidental**
  - **nord-occidental**
    - pallarès
    - ribagorça
    - tortosí
  - **valencià**
    - septentrional
    - apitxat
    - meridional
- **bloc oriental**
  - **rossellonès**
  - **central**
    - barceloní, tarragoní
    - septentrional de transició
      - xipella
      - salat
  - **balear**
    - mallorquí
    - menorquí
    - eivissenc
  - **alguerès**

Unitat 2: El vocalisme català

El sistema vocàlic català presenta vuit sons vocàlics: /a/, /ɛ/, /e/, /i/, /ɔ/, /o/, /u/, /ə/.

so	/a/	/ɛ/	/e/	/i/	/ɔ/	/o/	/u/	/ə/
grafia	a	e	e	i	o	o	u	a/e

Vocalisme tònic

El vocalisme tònic català consta de set fonemes: /a/, /ɛ/, /e/, /i/, /ɔ/, /o/, /u/, més la vocal neutra tònica [ə] a les Illes Balears.

- En rossellonès /o/, /u/ conflueixen en [u] (*Canigú*, *llup*, etc.) i /ɛ/, /e/ en [e].

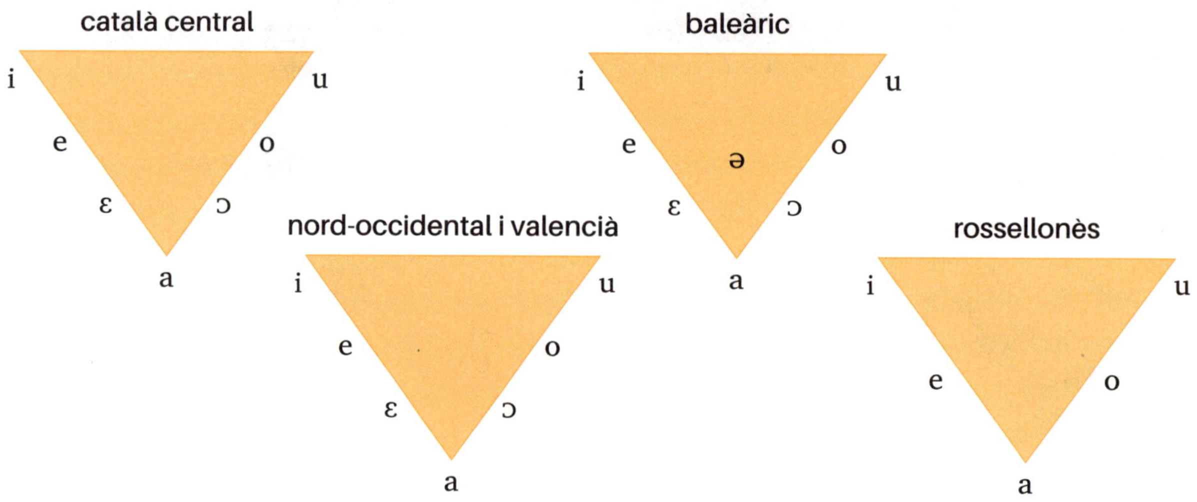

Vocalisme àton

El vocalisme àton oriental presenta tres fonemes: /i/ més /u/, /ə/, resultat de la neutralització:

/a/, /e/, /ɛ/ → [ə]
/o/, /ɔ/, /u/ → [u]

- L'alguerès no té vocal neutra: /a/, /e/, /ɛ/ es neutralitzen en [a].
- A Mallorca /o/, /ɔ/ es neutralitzen en [o].

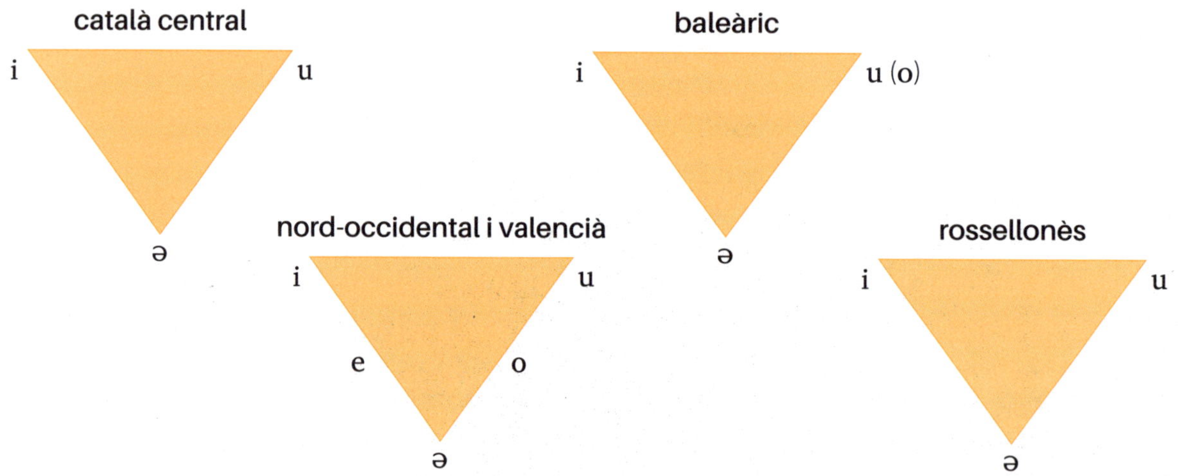

Obertura i tancament de la *e* i la *o*

mots aguts			
la *e* és oberta	**la *e* és tancada**	**la *o* és oberta**	**la *o* és tancada**
• en la terminació **-ec**: *aplec* • en la terminació **-eig**: *bateig, sorteig* • en la terminació **-em**: *saltem, remem* • en la terminació **-ern**/ **-ert**: *cert, hivern*	• en la terminació **-eix**: *greix, mateix* • en la terminació **-ell**: *bell, martell, segell*. Excepte en: *consell, rovell, parell, vermell, cabell, aquell* (en català oriental) • en la terminació **-ent**: *calent, president, gent*. Excepte en gerundis: *havent, podent, volent* (en català oriental) • en la terminació **-er**: *barber, fer, paper*. Excepte en: *voler* i *saber* (en català oriental) • en la terminació **-est**: *molest, agrest* • en la terminació en diftong **-eu** sempre que alterni amb **v**: *neu/ nevar, greu/gravetat, meu/meva*	• en els monosíl·labs: ***bo***, ***jo***, ***tro***, ***do***. Excepte: *no* • en la terminació **-oc**: *bloc, roc* • en la terminació **-ol**/ **-ola**: *flabiol, bunyol, col* • davant de ***r*** bategant: *cor, or*. Excepte amb terminació en **-orn**. • en la terminació **-ost**: *cost, impost* • en la terminació **-ot**/ **-ota**: *calbot, pilota, clot*. Excepte en: *nebot, rot, tot, mot* • en la terminació **-ou**: *bou, sou* (nom), *nou*. Excepte: *sou* (verb), *pou, tou* • en la terminació **-oig**/ **-oja**: *boig, roja*	• en la terminació **-oll**: *genoll, poll* • en la terminació **-om**: *colom, plom* • en la terminació **-or**: *abundor, llaurador*

mots plans			
la *e* és oberta	**la *e* és tancada**	**la *o* és oberta**	**la *o* és tancada**
• si a la síl·laba següent hi ha ***i***/***u***: *premi, medi* • si va seguida de ***l***/***l·l***/***r***/ ***rr***: *tela, terra, novel·la*. Excepte en: *herba, serp, terma* • si la terminació és en **-endr**[ə]: *divendres, cendra, tendre* El timbre de la ***e*** sol ser obert. L'accent permet resoldre alguns casos en què el timbre és tancat: *cérvol, préssec, préstec*.	• en la terminació **-ebr**[ə]: *febre, tenebra, llebre* • en la terminació **-ella**: *aixella, paella, sivella*. Excepte en: *abella, orella, parella, cella* (en català oriental) • en la terminació **-enda**: *agenda, tenda* • en la terminació **-era**: *espera, bandera* • en la terminació **-esta**: *festa, aresta*	• en la terminació **-oca**: *oca* • en la terminació **-ola**: *absidiola, areòla* • en la terminació **-osta**: *costa* • en la terminació **-ota**: *pilota*. Excepte: *gota, sota* • davant de ***r*** vibrant: *porta, horta*. Excepte amb terminació en **-orn**	• en la terminació **-olla**: *ampolla* • en la terminació **-oma**: *goma* • en la terminació **-ora**: *penyora, rentadora, aurora*

mots esdrúixols	
En general, el timbre de la ***e*** és obert. A més, com que els mots esdrúixols sempre porten accent gràfic, és fàcil distingir els casos en què el timbre és tancat: *església*.	En general, el timbre de la ***o*** és obert. A més, com que els mots esdrúixols sempre porten accent gràfic, és fàcil distingir els casos en què el timbre és tancat: *fórmula, pólvora*.

ACTIVITATS

1 **Canvia de lloc la síl·laba tònica dels mots següents per obtenir-ne uns altres amb un significat diferent:**

a crèieu → ....
b invàlida → ....
c canto → ....
d fórmula → ....
e beneit → ....
f venia → ....
g càrrega → ....
h conte → ....
i contínua → ....
j fabrica → ....

2 **Indica, dels mots següents, la síl·laba tònica i la pronunciació de la vocal que conté. Tingues en compte la teva varietat dialectal.**

a desembre [ ]
b ordinador [ ]
c vacances [ ]
d pastissos [ ]
e advocat [ ]
f sortós [ ]
g escopeta [ ]
h tomaquera [ ]
i novel·la [ ]
j meu [ ]
k escola [ ]
l botiga [ ]
m tisores [ ]
n martell [ ]
o sabates [ ]
p carboner [ ]

3 **Indica, en cada sèrie, la vocal tònica que té un timbre diferent:**

a bateig, cabell, cantem, dotzena, calent
b mateix, sistema, sabent, molest, gener
c arrel, ferro, aixella, bleda, europeu
d bandera, llebre, rem, mestressa
e rajola, plom, cosa, got, nosa
f tona, forn, delitosa, vora, mot

4 **Classifica les vocals subratllades a la taula de sota:**

a deu molts diners
b deu euros
c ceba de figueres
d la seva padrina
e dents de llet
f és sord
g té sort
h trànsit dens
i llavors ho faré
j llavors de tomaquera
k bec corb
l bec mistela
m tens set?
n conflicte tens
o tinc set
p set gols
q em moc
r sobre l'escriptori
s s'obre la sessió
t moc nasal

e		o	
oberta	tancada	oberta	tancada

5 Relaciona aquests mots amb el so corresponent de la vocal subratllada:

soc		tot
col	[e]	mel
pot	[ɛ]	got
llest	[ɔ]	coll
tel	[o]	sorra
verd		seva
cleda		fresc

6 Subratlla la síl·laba tònica dels mots següents i classifica'n les vocals *e*/*o* en obertes i tancades:

a ferro	**f** greix	**k** cert	**p** corn
b premi	**g** segell	**l** festa	**q** clot
c medi	**h** crema	**m** bandera	**r** dolor
d ingenu	**i** antena	**n** bunyol	**s** penyora
e bistec	**j** agenda	**o** genoll	**t** farigola

e		**o**	
oberta	**tancada**	**oberta**	**tancada**

7 Identifica el timbre de les grafies *e* i *o* del poema següent:

He mirat aquesta terra

Quan la llum pujada des del fons del mar
a llevant comença just a tremolar,
he mirat aquesta terra,
he mirat aquesta terra.

Quan per la muntanya que tanca el ponent
el falcó s'enduia la claror del cel,
he mirat aquesta terra,
he mirat aquesta terra.

Mentre bleixa l'aire malalt de la nit
i boques de fosca fressen als camins,
he mirat aquesta terra,
he mirat aquesta terra.

Quan la pluja porta l'olor de la pols
de les fulles aspres dels llunyans alocs,
he mirat aquesta terra,
he mirat aquesta terra.

SALVADOR ESPRIU

Unitat 3: La vocal neutra [ə]. Les grafies *a*/*e* àtones

Noms i adjectius

- **A final de mot**
  - masculí **-e**: *alcalde, conte, home, sucre, aspre, dubte, rellotge*
  - *femení* **-a**: *dona, cama, platja, obra, aspra, sogra, exacta, corda*
  - *plural* **-es**: *places, boques, platges*

CASOS ESPECIALS

masculí -*a*
- terminacions ***-arca***, ***-cida***, ***-ista***, ***-ma*** i ***-ta***: *monarca, insecticida, artista, drama, atleta*
- altres mots: *dia, califa, mapa, titella* i alguns adjectius: *belga, agrícola*

femení -*e*
- noms propis: *Carme, Irene*
- noms comuns: *classe, febre, llebre, mare*
- noms cultes: *efígie, laringe, cúspide*
- terminacions ***-aire***, ***-ble***, i altres formes amb **e àtona**: *noble, enorme, alegre*

- **Enmig de mot**
  - mots de la mateixa família:
    - *terra* → *terreny, terrassa, terrassenc*
    - *rem* → *remar, remer*

RECORDA

Alguns adjectius són invariables: *jove, lliure, salvatge, rude...*

INTERFERÈNCIES AMB EL CASTELLÀ

- S'escriuen amb ***a***: *afaitar, davall, raspall, ambaixada, davant, sanefa, arravatar, naixement, assassí, avaluar, ramat, avaria, rancor, latrina...*
- S'escriuen amb ***e***: *assemblea, malenconia, sergent, disfressar, melangia, treball, ebenista, meravella, vernís, efeminat, monestir, nedar, enyorar, rave, estella, resplendor, Esteve, resplendir, Empordà, Empúries, gelea...*

Verbs

- **A final de mot**
  - **-*a***: *canta, pensa, donava, dormia*
  - **-*e*** (infinitius **-*er*** i després de consonant (***s***/***m***/***n***) o semivocal ***u***): *córrer, estudies, anàvem, sortien, tornàveu*

CASOS ESPECIALS

- Infinitius *-re*: *admetre, riure, ploure...*
- Formes: *corre, vine, obre, omple* (i compostos).

- **Enmig de mot**
  - 1a persona present d'indicatiu: *pago, paguem; menjo, menjaré; nedo, nedaria*

CASOS ESPECIALS

- *jeure, treure, néixer, péixer* → *néixer/nàixer*: *naixem...*
- Alguns infinitius es poden escriure amb ***e*** o ***a*** → *jeure/jaure*
- Les formes àtones s'escriuen amb ***a*** → *treure/traure*: *trauria*

RECORDA

Els verbs *jeure/jaure, treure/traure, néixer/nàixer* i *péixer/pàixer* tenen doble forma.

ACTIVITATS

1 Completa amb *a* o *e* i escriu la norma que explica l'ús d'una o altra grafia:

a el mestr.......
b el xiscl.......
c el pobl.......
d la sorr.......
e la crost.......
f la pediatr.......
g la galt.......
h el dubt.......
i la tard.......
j el rav.......
k el vespr.......
l el colz.......
m l'air.......
n la tass.......
o el litr.......

....

....

2 Completa els sintagmes següents amb *a* o *e*. Explica el criteri que cal seguir:

a altr....... matí
b altr....... tarda
c peu esquerr.......
d mà esquerr.......
e personatge sinistr.......
f país pobr.......
g llet agr.......
h terra pobr.......
i vi agr.......
j persona sinistr.......
k cadira còmod.......
l llit còmod.......
m finca enorm.......
n palau enorm.......
o bèstia salvatg.......

....

....

3 Completa els mots següents amb *a* o *e*:

a febr.......
b diplom.......
c class.......
d mar.......
e tem.......
f poet.......
g torr.......
h suïcid.......
i piràmid.......
j bas.......
k patriarc.......
l anarquist.......

4 Escriu en singular aquestes paraules:

a esponges → ....
b tanques → ....
c recances → ....
d barques → ....
e botigues → ....
f llotges → ....
g platges → ....
h pasqües → ....
i pinces → ....
j mosques → ....
k veces → ....
l amigues → ....

5 Completa els mots següents amb *a* o *e*:

a d..a..vant
b mon.......stir
c av.......ria
d S.......rdenya
e av.......ntatge
f f.......nguissar
g ....valuar
h disfr.......ssar
i respl.......ndent
j ....mbaixada
k ....nyorar
l espl.......nada
m m.......ravella
n ass.......ssí
o tràf.......c
p L.......trina
q v.......rnís
r barr.......tina
s r.......ncor
t s.......rgent
u ass.......mblea
v ....stella
w alb.......rcoc
x t.......rrassa

ORTOGRAFIA

La vocal neutra [ə]. Les grafies *a/e* àtones

6 **Completa els mots de les frases següents amb *a* o *e*:**

- **a** La imatg....... que es té dels alumn.......s d'aquesta class....... és bon.......
- **b** L'hom....... d'aquest pobl....... és flautist.......
- **c** La Carm .... és una don....... molt simpàtic....... i atractiv.......
- **d** El ministr....... que ha assistit a l'act....... és autodidact.......
- **e** G.......nís, vin....... corrents i obr....... el r.......ixat a l'.......lisenda.
- **f** Aquesta p.......ixateria és de la c.......rnissera del district.......

7 **Omple aquesta taula:**

		present d'indicatiu de *néixer*	futur de *treure*	condicional de *jeure*
singular	1a			
	2a			
	3a			
plural	1a			
	2a			
	3a			

8 **Completa les oracions següents amb *a* o *e*:**

- **a** L'eb.......nista fa fer un tr.......ball m.......ravellós.
- **b** Van detenir l'ass.......ssí quan passav....... disfr.......ssat per d.......vant de l'.......mbaixada.
- **c** El mon.......stir conserva un mobl....... env.......rnissat decorat amb unes s.......nefes geomètriques.
- **d** Li van arr.......bassar el d.......vantal blanc i respl.......dent.
- **e** En un r.......có de l'.......mpordà hi ha un indret m.......ravellós.
- **f** Recordo amb més m.......langia que no pas r.......ncor la meva estada a l'int.......rnat.
- **g** L'Estev....... va af.......itar-se la barba i va r.......spallar-se els cabells.

9 **Completa aquest text amb les grafies *a* o *e*:**

Conval.......scènci.......

Quan d.......spenj....... ....l t.......lèfon p.......r int.......rrompr....... ....l t.......rcer ring, l'hom....... mira ....l r.......llotg.......: un quart d....... deu d....... la nit. Sens....... donar-li temps a dir res, la don....... li ....xplica que ha hagut d'anar urgentment a l'hospital perquè han ingr.......ssat ....l seu p.......r....... L'hom....... pens....... en ....l sogr....... i s....... l'imagina ....ntubat, pàl·lid, ...nvoltat d'inf.......rmeres. La dona ....l tranquil·litz.......: no és greu, tot i qu......., p.......r si d....... cas, s'.......stim....... més qu.......dar-s'hi a dormir.

«Vull ser al seu costat quan ....s d.......sperti», diu. També li pr.......gunt....... si podria dur-li ....l n.......c.......sser amb ....l líquid p.......r r.......ntar l.......s lents d....... contact....... i ....l r.......spall d....... dents.

Sergi Pàmies, *Si menges una llimon....... sense fer g.......nyotes*

Unitat 4: Les grafies *o/u* àtones

Noms/adjectius

- **A final de mot**
  - **-*o***: *borratxo, ferro, carro, suro, manso*
  - **-*u*** en aquests tres casos:
    - **vocal + *u*** (semivocal): *trofeu, cacau, estiu, liceu*
    - adjectius femenins **-*ua***: *ambigu* → *ambigua, mutu* → *mútua*
    - cultismes **-*us***: *cactus, sinus, porus, focus, globus*
  - plurals en -***os***: *reflexos, peixos, discos, pesos*

CASOS ESPECIALS

- *ritu, residu, tribu, individu*

- **A interior de mot**
  - mot de la mateixa família: *forner* → *forn, dolçor* → *dolç, ulleres* → *ull*
  - en alguns casos els derivats poden presentar ***o***/***u*** segons provinguin d'un primitiu nominal o verbal: *joc-joguina / jugar-jugada; pluja-plugim / ploure-plovisquejar*

CASOS ESPECIALS

Pseudoderivats

boca → bucal	fondre → fusió	moc → mucosa
cònsol → consular	home → humà/humanisme	ploma → plumífer
corb → curvatura/curvilini	jove → juvenil	títol → titular
dolç → dulcificar	món → mundial	volcà → vulcanisme

INTERFERÈNCIES AMB EL CASTELLÀ

- S'escriuen amb ***o***: *avorrir, bordell, polir, botifarra, rètol, capítol, robí, cartolina, cobrir, romanès, complir, rossinyol, cònsol, sofrir, embotit, sorgir, estoig, títol, joglar, torró, nodrir, ploma, tomba, hongarès, tonyina, triomf...*
- S'escriuen amb ***u***: *bufetada, escullera, muntanya, muntar, subornar, sufocar, suport, turment, tramuntana, mussol...*

Verbs

- **A final de mot**
  - **-*u*** quan forma diftong: *jugueu, munteu*
  - **-*o***: *canto, parlo, serveixo, temo*
- **A interior de verb**
  - 1a persona present d'indicatiu: *poso* → *poseu, jugo* → *jugueu*

CASOS ESPECIALS

- Els verbs *collir, cosir, escopir, sortir, tossir, poder, voler* (i derivats): s'escriuen amb ***o*** les formes àtones i amb ***u*** les tòniques: *cuso* → *cosim, surto* → *sortim, tus* → *tossim, puc* → *podem* , *vull* → *volem...*
- Les formes *puguem/pugueu, vulguem/vulgueu* s'escriuen amb ***u***.

ACTIVITATS

1 Omple els buits amb *o/u* segons convingui i escriu una norma que justifiqui aquest ús:

a cucurutx.......	**d** muscl.......	**g** llobarr.......	**j** ferr.......	**m** fond.......	**p** gerr.......
b xuix.......	**e** zer.......	**h** porx.......	**k** llor.......	**n** carr.......	**q** sur.......
c morr	**f** guerx.......	**i** mans.......	**l** sons.......	**o** ganx.......	**r** borratx.......

....

....

2 Completa les paraules següents amb *o/u* i escriu una norma que justifiqui aquest ús:

a cact.......s	**e** trofe.......	**i** lice.......s	**m** superfl.......	**q** altave.......
b contin.......	**f** assid.......	**j** muse.......	**n** incisi.......	**r** vid.......
c corre.......s	**g** sin.......s	**k** individ.......	**o** ambig.......	**s** arxi.......
d rit.......	**h** glob.......s	**l** trine.......	**p** perpet.......	**t** esti.......

....

....

3 Escriu en plural les paraules següents:

a lluç	→	**k** traç	→ ....
b text	→	**l** dolç	→ ....
c mes	→	**m** empatx	→ ....
d complex	→	**n** boig	→ ....
e peix	→	**o** mol·lusc	→ ....
f trist	→	**p** esquitx	→ ....
g reflex	→	**q** arròs	→ ....
h disc	→	**r** cos	→ ....
i mas	→	**s** context	→ ....
j tros	→	**t** fix	→ ....

4 Completa els mots següents amb *o/u* i escriu-ne el primitiu:

a emp.......nyar	→	**i** x.......tar	→ ....
b enc.......rbar	→	**j** s.......lcar	→ ....
c esc.......llera	→	**k** f.......llejar	→ ....
d pl.......mall	→	**l** end.......lcir	→ ....
e s.......car	→	**m** d.......tzena	→ ....
f enra.......nar	→	**n** g.......lafre	→ ....
g ....lleres	→	**o** j.......guina	→ ....
h b.......cassa	→	**p** f.......scor	→ ....

5 **Escriu un pseudoderivat de cadascun d'aquests mots:**

Exemple: home → *humanisme*

a dolç → ....
b món → ....
c jove → ....
d corb → ....
e volcà → ....
f títol → ....
g boca → ....
h cònsol → ....
i fondre → ....
j moc → ....

6 **Omple els buits amb *o/u* i escriu la norma que en justifiqui la tria:**

a p.......séssim
b j.......guem
c p.......rtava
d p.......lsar
e c.......rrerem
f exp.......lsaria
g t.......rnaràs
h b.......llim
i tront....... llava
j m.......llava
k gr.......nxaré
l s.......pem
m esp.......lsem
n tr.......bés
o p.......ntejar

....

....

7 **Elabora una norma que justifiqui les divergències ortogràfiques en els verbs següents:**

a c.......llo → c.......llia
b t.......s → t.......ssim
c c.......ses → c.......sim
d v.......ll → v.......lia
e esc.......p → esc.......pirem
f s.......rts → s.......rtim
g p.......t → p.......guem
h v.......l → v.......lgueu

....

....

8 **Omple els buits amb *o/u* segons convingui:**

a av.......rrir-se
b t.......rment
c p.......lir
d cart.......lina
e t.......nyina
f g.......vern
g j.......glar
h s.......focar
i b.......rdell
j r.......manès
k s.......port
l c.......mplir
m t.......rró
n s.......rgir
o pl.......ma
p s.......born
q s.......frir
r b.......tifarra
s rèt.......l
t m.......ntanya

9 **Completa les oracions següents amb *o/u*:**

a El g.......vern dona s.......port al candidat ac.......sat de s.......born.
b Pels volts de Nadal compr....... emb.......tits, t.......rró, b.......tifarra i t.......nyina.
c Encara que p.......guéssim no p.......jaríem mai a aquella m.......ntanya.
d Un tip.......s sense escrúp.......ls li va clavar una b.......fetada.
e El còns.......l r.......manès prové del món j.......venil.
f La lectura d'aquell capít.......l va resultar av.......rrida per a la j.......ventut.
g Els b.......mbers de l'Emp.......rdà van s.......focar un incendi.
h El j.......glar que cantava com un r.......ssinyol va rebre un est.......ig amb un r.......bí.

Unitat 5: La diftongació i la separació de síl·labes

Els diftongs

Unió d'una vocal i un so gradual en una mateixa síl·laba.

Les lletres ***i*** i ***u*** són sons graduals que formen diftong amb combinació amb una vocal. Mai no poden ser tòniques o portar dièresi.

Els diftongs decreixents

a / e / i / o / u + i / u

ai	ai-re
ei	rei-na
oi	boi-ra
ui	cui-na

au	cau-re
eu	seu-re
iu	viu-re
ou	cou-re
uu	duu

Els diftongs creixents

gu/qu + a / e / i / o / u

gua	ai-gua
gue	ai-gües
güi	pin-güí
guo	pa-rai-guot

qua	quan-ti-tat
qüe	qües-ti-ó
qüi	a-de-qüi
quo	quo-ta

*i- + a / e / o / u

*A principi de mot.

ia	hiat
ie	ien
io	io-de
iu	iu-ca

-i- / -u- entre vocals

no-ia, mo-uen, cre-ia

RECORDA

La ***i*** seguida de vocal només constitueix diftong a principi de paraula: *iogurt, iode*... En la resta de casos no forma diftong.

La ***i*** del dígraf ***ix*** no forma diftong, excepte en els dialectes occidentals en què pronuncien la ***i***: *caixa, reixa, feix.*

Els triftongs

Són combinacions d'un diftong creixent i un de decreixent.

iai	iai!
ieu	rè-ieu
uai	guai-ta
ueu	cre-ueu
üeu	li-qüeu

TINGUES EN COMPTE

Partició dels mots a final de ratlla

A banda de totes les consideracions anteriors, cal evitar deixar una vocal sola a començament i a final de ratlla (*a-vió // avi-ó*), llevat que ho recolzi un element apostrofat (*l'a-vió*).

Se solen aprofitar els guionets existents (*gira-sol, tornem-hi*).

Els dígrafs

Dígrafs que no se separen	
ny	pi/nya
ll	co/llir
gu	pi/gues
qu	mà/qui/na
***ig**	roig

*A final de mot.

Dígrafs que se separen	
rr	guer/ra
ss	pas/si/ó
ix	cai/xa

Agrupacions consonàntiques que se separen							
dj	ad/jec/tiu	**tg**	met/ge	**tll**	es/pat/lla	**ts**	pot/ser
l·l	col/le/gi	**tj**	plat/ja	**tm**	set/ma/na	**tx**	cot/xe
sc	as/cen/sor	**tl**	at/le/ta	**tn**	cot/na	**tz**	tret/ze

- Els prefixos se separen del radical d'un mot quan resulten evidents, encara que la lletra següent sigui una vocal: *des-or-ga-nit-zar, in-o-bli-da-ble.*

ACTIVITATS

1 **Recorda quins són els dígrafs que no es poden separar i, després, defineix i classifica els diftongs:**

Dígrafs que no se separen: ....

....

Diftong: ....

....

2 **Separa en síl·labes els mots següents i classifica'ls en aguts i plans:**

a fèieu → ....
b estudia → ....
c tothora → ....
d copio → ....
e coïes → ....
f renuncien → ....
g divorcia → ....
h denuncies → ....
i asfixien → ....
j desaire → ....
k transatlàntic → ....
l sabia → ....

aguts	plans

La diftongació i la separació de síl·labes

3 Identifica els mots que contenen algun diftong (decreixent, creixent o triftong) i omple la taula:

a boira
b portaríeu
c iogurt
d contínua
e joia
f iot
g feina
h avui
i circuit
j aigües
k ciència
l aguait
m cuixa
n diuen
o guitarra
p xiular
q espaiós
r ràdio
s quatre
t dèieu
u escrivien
v raïm
w treia
x qüestió
y pèrdua

diftong decreixent	diftong creixent	triftong	sense diftong

4 Separa en síl·labes les paraules següents:

a sorra → ....
b dotze → ....
c col·laborar → ....
d fletxa → ....
e canya → ....
f revetlla → ....
g reixa → ....
h despatxar → ....
i setmana → ....
j jutge → ....
k ascensor → ....
l platges → ....
m requesta → ....
n innocent → ....
o cassola → ....
p ratllar → ....
q assenyalar → ....
r estoig → ....
s desvetllar → ....
t llenya → ....
u millorar → ....
v escopinya → ....
w pallasso → ....
x enllaç → ....

5 Separa en síl·labes les paraules del fragment següent de «La Pàtria» i identifica'n els diftongs:

Adeu-siau, turons, per sempre adeu-siau;
Oh serres desiguals, que allí, en la pàtria mia
dels núvols e del cel de lluny vos distingia
per lo repòs etern, per lo color més blau.

Adeu tu, vell Montseny, que des ton alt palau,
com guarda vigilant cobert de boira e neu,
guaites per un forat la tomba del Jueu,
e al mig del mar immens la mallorquina nau.

Bonaventura Carles Aribau

Unitat 6: L'accentuació i la dièresi

L'accentuació

- Les paraules **agudes** s'accentuen quan acaben en:

-a	-e	-i	-o	-u
-as	-es	-is	-os	-us
	-en	-in		

RECORDA

- Accent greu/obert → [a], [ɛ], [ɔ]
- Accent agut/tancat → [e], [o], [i], [u]

- Les paraules **planes** només s'accentuen quan NO acaben en cap de les terminacions anteriors.
- Les paraules **esdrúixoles** s'accentuen sempre.
- La ***e*** i la ***o*** poden portar accent obert o tancat:

		é	è
agudes	**-e**	• Futurs verbals: *vindré, faré, estudiaré...* • Alguns mots: *puré, ximpanzé, consomé...* • Derivats de ***bé***: *també, gairebé, malbé...* • Derivats de ***té***: *conté, manté...* • Derivats de ***vé***: *prové, convé...*	• Numerals ordinals: *onzè, dotzè...* • Alguns mots: *alè, cafè, vostè, comitè, serè...*
	-es	• Substantius que fan el plural en ***-essos***: *progrés, congrés, accés, revés...* • Altres mots: *després, només...* • Imperfet de subjuntiu: *cantés, portés, anés...*	• Gentilicis: *anglès, francès, xinès...* • Comarques: *el Penedès, el Lluçanès...* • Substantius i adjectius plural en ***-esos***: *pagès, burgès...* (*interès* i *espès* fan el plural *interessos* i *espessos*). • Participis dels verbs de la 2a conjugació: *encès, comprès, malmès...*
	-en	• Infinitius acabats en ***-tendre*** i ***-cendre***: *estén, encén, pretén...* • *Amén, catipén*	• *Comprèn, reprèn, aprèn, ofèn...* • *Edèn, mossèn*
planes		• Els infinitius: *témer, prémer, créixer, néixer, péixer, esprémer, ésser* (i derivats). • Totes les formes verbals *éreu, érem, diguéssiu, féssim...* • Alguns mots: *préssec, feréstec, préstec...*	• La majoria de mots: *cèrcol, pèsol, règim, cèntim...* • Algunes formes de l'imperfet d'indicatiu de la 2a conjugació: *dèieu, fèieu, rèiem...*
esdrúixoles		• Alguns mots: *església, Dénia, la Sénia...*	• La majoria de mots: *ètica, matèria, dèria, consciència...*

		ó	ò
agudes	**-o**	• La majoria de mots: *camió, carbó, sifó, acció, educació...*	• Alguns mots: *allò, això, arròs, però, espòs, repòs, terròs* • Compostos amb els formants ***bo***, ***so***, ***to***, ***tro***: *rebò, ressò, semitò, retrò...*
	-os	• La majoria de mots: *gasós, preciós, amistós...*	• Participis passats dels verbs compostos amb ***-cloure***: *desclòs, inclòs, exclòs...* • Compostos amb els formants ***gros***: *capgròs, a l'engròs...*
planes		• Els mots: *estómac, furóncol, córrer* (i derivats)... • Formes verbals ***ser***: *fóssim, fóssiu, fórem...*	• La majoria de mots: *mòbil, sòcol, pròxim, ròssec, pròleg...*
esdrúixoles		• Alguns mots: *fórmula, góndola, pólvora, tórtora, tómbola, escórpora...*	• La majoria de mots: *història, crònica, òpera, memòria, pneumònia, tònica...*

COMPETÈNCIA ORAL

Cal notar la posició correcta de l'accent prosòdic en alguns mots:

- *Munic, elit, iber, radar, sandvitx, xandall*
- *Monòlit, atmosfera, tèxtil, rèptil, medul·la, omòplat*
- *Diòptria, èczema, elèctrode, període*

TINGUES EN COMPTE

Els mots acabats en ***-ment*** mantenen l'accent que portaven els adjectius: *ràpidament, fàcilment, únicament...*

L'accent diacrític

Funció

- Permet distingir les paraules monosíl·labes homògrafes, és a dir, les que s'escriuen igual però tenen significats diferents.
- Entre aquests mots normalment s'accentuen els que són tònics i, entre els tònics, els que tenen la vocal accentuada tancada.

be (animal)	bé (correcte)
deu (cardinal)	déu (divinitat)
es (pronom)	és (ésser)
ma (possessiu)	mà (extremitat)
mes (part de l'any)	més (quantitat)
mon (possessiu)	món (univers)
pel (contracció)	pèl (filament)
que (relatiu/conjunció)	què (relatiu precedit de preposició/interrogatiu)
se (pronom)	sé (saber)
si (condicional)	sí (afirmació)
sol (astre)	sòl (terra)
son (dormir)	són (ésser)
te (herba)	té (tenir)
us (pronom)	ús (acció d'usar)
vos (pronom feble)	vós (pronom fort)

TINGUES EN COMPTE

- També s'escriu accent diacrític en el plural d'aquests mots, excepte *mans* i *mons*.
- No duen accent diacrític els seus compostos i derivats: *adeu, adeu-siau, rodamon, a contrapel, entresol, subsol...* Excepte els compostos que s'escriuen amb guionet: *déu-vos-guard, mà-llarg, pèl-llarg, pèl-ras, pèl-roig...*
- Excepcionalment, es poden mantenir els accents en alguns topònims no inclosos en el quadre anterior, com ara *Cóll, Jóc, Móra*, etc.

RECORDA

Les paraules monosíl·labes no s'accentuen mai, llevat de les que duen accent diacrític. Exemples: *pa, pla, clar, bo, gris, or...*

La dièresi

Signe gràfic que s'escriu sobre les vocals ***i*** o ***u***.

Funció

- Es pronuncia la ***u*** dels grups ***qüe***, ***qüi***, ***güe***, ***güi***: *qüestió, obliqüitat, aigües, pingüí.*
- Trencament del diftong: indica que la ***i*** o la ***u*** en contacte amb una altra vocal no formen diftong:
  - ***i***/***u*** tòniques: no poden portar accent, però són tòniques i, per tant, no poden formar diftong: *raïm, diürn, Saül, posseït, produïa.*
  - ***i***/***u*** no són tòniques, però en altres mots de la mateixa família ***i***/***u*** porten accent o dièresi: *veí/veïna, ruïna/ruïnós, intuït/intuïció, saïm/ensaïmada.*
- Altres casos:
  - Els verbs acabats en vocal + ***-ar*** porten dièresi en les terminacions ***-ï***, ***-ïs***, ***-ïn*** del present de subjuntiu i l'imperatiu: *estudiïs, actuï.*
  - Porten dièresi els cultismes amb terminacions ***-itzar***, ***-tat***, ***-or***, ***-dor***, ***-ment*** (sempre que hi hagi contacte d'una vocal ***i***): *homogeni/homogeneïtat, innocu/innocuïtat, espontani/espontaneïtat; aïllament, conduïment, proveïdor, oïdor, decaïment, europeïtzar* (excepte *heroicament*).
  - Porten dièresi els mots *suïcidi, diürètic, fluïdesa, traïdor, coïssor, estoïcisme.*

RECORDA

Els verbs acabats en vocal + ***-ir*** (*reduir, traduir,* etc.) alternen accent i dièresi en el present, imperfet, passat simple, present de subjuntiu, imperfet de subjuntiu i imperatiu: *reduí, reduïres, produïa, traduïa.*

Estalvi de la dièresi

- Terminacions llatines ***-um***, ***-us***: *pòdium, Màrius*
- Derivats amb prefixos ***anti-***, ***auto-***, ***co-***, ***contra-***, ***re-***, ***semi-***: *antiinflamatori, autoinducció, coincidència, contraindicat, reunificació, semiindustrial*
- Terminacions en ***-isme***, ***-ista***: *egoisme, altruista,* excepte *proïsme*
- Infinitiu, gerundi, futur i condicional: *influir, influint, influiré, influiria*

ACTIVITATS

1 Accentua els mots que calgui:

a metal·lic	**e** examen	**i** origens	**m** blancuria	**q** faran
b urba	**f** feia	**j** pastis	**n** platan	**r** coixi
c estatua	**g** rajoli	**k** vigilia	**o** tunel	**s** Ramon
d Berlin	**h** rabia	**l** gamarus	**p** quimic	**t** passadis

2 Accentua els mots següents (fixa't en el so de la *e*):

a serie	**e** ximpanze	**i** integre	**m** vuite	**q** epoca
b cafe	**f** xines	**j** admes	**n** materia	**r** vencer
c esglesia	**g** prestec	**k** gairebe	**o** interes	**s** voste
d frances	**h** creixer	**l** consome	**p** trevol	**t** esser

L'accentuació i la dièresi

3 **Accentua els mots següents (fixa't en el so de la *o*):**

a historia **b** estomac **c** arros **d** allo
e aixo **f** solid **g** gloria **h** fricando
i formula (n.) **j** correr **k** de debo **l** regros
m espos **n** colonia **o** resso **p** canço
q nervios **r** caloros **s** raco **t** sarro

4 **Accentua les formes verbals següents, quan calgui:**

a feiem **b** encen **c** anavem **d** deieu
e diguessiu **f** obririem **g** dormirieu **h** estaven
i sentiria **j** duguessin **k** escriuran **l** ereu
m pensaria **n** mouriem **o** saltaveu **p** apres
q parlessim **r** sortirieu **s** erem **t** sabies

5 **Tria l'opció adequada:**

a ús/us → Sempre que en faig ...., ...ho comento immediatament.
b és/es → La visita .... una oportunitat excel·lent; ara bé, cal que .... decideixi ara.
c mà/ma → .... germana fa dibuixos magnífics també amb la .... esquerra.
d sé/se → .... que tot sovint .... senten veus.
e més/mes → El .... vinent arribaran .... exemplars del llibre.
f són/son → .... les dotze i encara no tinc ....
g món/mon → El somni de .... pare és fer la volta al ....
h sí/si → Ja t'he dit que, ... fa bo, anirem al parc.
i té/te → ...., aquí tens el teu ....
j què/que → Per .... ha dit .... no vol venir?

6 **Alguns d'aquests mots porten accent diacrític. Accentua'ls i recorda el significat del seu homògraf.**

a sol (terreny) **b** te (beguda)
c vos (tractament) **d** si (condicional)
e se (saber) **f** pel (vellositat)
g ma (extremitat) **h** be (animal)

7 **Accentua els mots que calgui de les oracions següents:**

a En Ramon no enten per que li han augmentat l'interes del prestec.
b Despres de correr pel pais van anar a Denia a cruspir-se un arros.
c Han fet l'examen sobre els origens de la humanitat.
d Voliem fer un viatge a Grecia per Pasqua.
e En Lluis estudia ciencies, i en Marius, historia.
f Vols sucre? Si, gracies. Posa-me'n un terros.
g Si poguessim entrar a l'esglesia us mostraria la cripta romanica.
h En Ferran estudiara els fenomens economics en la industria austriaca.
i L'Alvar va publicar una novel·la policiaca centrada en l'Olimpiada del 92
j Des que te us de rao que creu en deu.

8 Pronuncia correctament les paraules següents (fixa't bé en l'accent) i classifica-les a la taula de sota:

> aurèola, càntir, xofer, rèptil, intèrfon, heroi, medul·la, Dídac, futbol, atmosfera, demagògia, ibers, pneumònia, canvia, osmosi, pronuncies, policrom, diòptria, tèxtil

agudes	planes	esdrúixoles

9 Posa la dièresi en les paraules següents, quan calgui, i classifica-les a la taula de sota:

a Pasqua
b quadre
c paisos
d questionari
e contemporaneitat
f unguent
g consequència
h arruinar
i raim
j agrait
k aqueducte
l aquarel·la
m paraigues
n pinguí
o cafeina
p diurn
q peuc
r pruija
s antiguitat
t reull

sona la *u*	no forma diftong

10 Canvia el nombre dels mots següents. En el cas de les formes verbals, cal mantenir la persona (1a, 2a, 3a) corresponent:

a veïns → ....
b genuí → ....
c paíс → ....
d llengües → ....
e construïssin → ....
f reduïres → ....
g confluïssis → ....
h estudiïn → ....

11 Escriu un derivat dels mots següents utilitzant les terminacions *-tat, -dor, -itzar, -ment*:

a museu → ....
b homogeni → ....
c continu → ....
d oir → ....
e gratuit → ....
f trair → ....
g vidu → ....
h simultani → ....
i agrair → ....
j esfereir → ....
k lluir → ....
l atapeir → ....

L'accentuació i la dièresi

12 Posa la dièresi en els mots següents, quan calgui:

a altruista
b circuit
c cuinera
d suicidi
e amoinat
f reduint
g fluid
h veinatge
i posseidor
j espontaneitat
k ingenuitat
l empaitar
m arcaitzar
n fluidesa
o ensaimada
p coissor

13 Escriu els temps verbals següents:

Present de subjuntiu d'*estudiar*	Passat simple de *posseir*

14 Omple la taula amb la flexió de gènere i nombre dels mots següents:

	masculí		femení	
	singular	plural	singular	plural
a	suís			
b	veí			
c	geniüt			
d	distribuït			
e	Lluís			
f	sarraí			

15 Omple la taula amb les formes verbals corresponents:

		obeïa	conduïes	traduïes
infinitiu				
gerundi				
futur	1a persona singular			
	2a persona plural			
	3a persona plural			
condicional	1a persona singular			
	2a persona plural			
	3a persona plural			

16 **Accentua les formes verbals següents o posa-hi dièresi, quan calgui:**

present indicatiu	imperfet indicatiu	imperfet subjuntiu	present subjuntiu
condueixo	reduia	produis	actui
condueixes	reduies	produissis	actuis
condueix	reduia	produis	actui
conduim	reduiem	produissim	actuem
conduiu	reduieu	produissiu	actueu
condueixen	reduien	produissin	actuin

17 **Accentua les formes verbals següents o posa-hi dièresi, quan calgui:**

a preveia **b** serveixi **c** contribuirem (passat) **d** influirem (passat) **e** reduire **f** construim **g** estudiis **h** produiren **i** seduia **j** suis **k** deia **l** feien

18 **Accentua les formes verbals següents o posa-hi dièresi, quan calgui. Després, justifica-ho.**

a traduirem (passat simple): → ....

b construir: → ....

c restituia: → ....

d distribuissim: → ....

e contribuiren (passat): → ....

19 **Accentua o posa-hi dièresi, quan calgui:**

a En Lluis es un home molt altruista, sempre vol defensar causes perdudes.

b Els resultats de l'enquesta s'extreuen de l'explicacio del questionari corresponent.

c El premi a l'eloquencia se'l va endur la veina de l'Arnau.

d He anat a comprar-me un paraigua perque sembla que ploura i me l'he descuidat a casa.

e Increiblement, els delinquents s'han escapolit dels Mossos.

20 **Posa els accents i les dièresis que calgui en el text següent:**

Maurici desvariejava. El moviment de les persones que el voltaven li indica que calia sortir de casa i davallar al carrer. Se sentia fatigadissim. No era sols la pesantor d'aquells tres dies finals que havia passat gairebe insomne, anant d'un canto a l'altre, sense poder empassar-se un boci. Era, sobretot, la intensitat dels projectes absurds que es formaven dins el seu pensament; si l'un darrere l'altre s'haguessin traduit en actes, no l'haurien extenuat mes.

Mentre baixava l'escala darrere el taut, feia esforços per prendre consciencia dels episodis dolorosos que li calia afrontar. Hauria volgut que aquella escala ombrivola, amb la sentor de menjars plebeus, que pujava de la porteria i les veus que venien del celobert, no s'hagues acabat mai... L'aire i la claror del carrer li varen produir una sensació insultant. Aleshores algun ressort encara no romput l'obliga a redreçar-se amb una mena d'orgull trist. Aquella multitud atapeida a l'entorn de la porta...

CARLES SOLDEVILA, *Eva*

Unitat 7: L'elisió i el guionet

L'elisió: apòstrof i contracció

En català, l'elisió es marca de dues maneres:

- amb l'**apòstrof**, que és un signe que indica la supressió d'una vocal (').
- amb una **contracció**, que és la unió de dos mots en un de sol, de manera que s'elimina una de les dues vocals en contacte.

L'apostrofació

	regla general	excepcions
article	• Els articles ***el*** i ***la*** s'apostrofen sempre davant d'un mot **començat** en **vocal** o **hac**: *l'institut, l'hora, l'ungla, l'illa, l'avi...*	• No s'apostrofa l'article ***la*** davant de mots (femenins) començats per ***i***/***u*** o **hi**/**hu** àtones: *la universitat, la informàtica, la investigació...* • No s'apostrofen els **noms de les lletres**: *la hac, la ema, la essa...* • No s'apostrofen els sintagmes per evitar l'ambigüitat: *la ira, la Haia, la una, la host....*
preposició de	• La preposició ***de*** s'apostrofa sempre davant d'un mot **començat** en **vocal** o **hac**: *d'ahir, d'una, d'hivern, d'aquí...* • Davant de les **xifres** 1 i 11: *d'11.000 persones, d'1.000.000 d'euros...*	• No s'apostrofa davant de ***i***- inicial consonàntica: *de iode, de iogurt...* • No s'apostrofa davant de ***h***- inicial aspirada: *de Henry, de Huston...*
pronoms	• Els **pronoms febles** s'apostrofen sempre davant d'un verb començat per **vocal** o **hac**: *l'estima, l'escolta, l'ha sentit...* • En la combinació pronominal l'apòstrof sempre ha d'anar al més a la dreta possible: *se'ns demana silenci, se n'hauria sortit...*	• El pronom ***la***, no s'apostrofa davant d'una forma verbal començada per ***i***/***u*** o **hi**/**hu** àtones: *la imita, la utilitzem, la urbanitzaran...* • Els pronoms ***ens***, ***us***, ***els***, ***les***, ***li***, ***hi*** i ***ho*** davant del verb no s'apostrofen mai: *ens investiguen, us inflen...* • No s'apostrofa mai la combinació ***se us***: *se us cridarà per ordre, se us farà saber ben aviat...*
pronoms	• Els pronoms ***em***, ***et***, ***es***, ***el***, ***ens***, ***els*** i ***en*** s'apostrofen quan van darrere d'un **verb** acabat en vòcal que no sigui ***-u*** i quan acompanyen un altre pronom feble. En aquest segon cas, seguint la regla d'escriure l'apòstrof tan a la dreta com es pugui: *abriga't bé, posa'n més, explica-m'ho...*	• Els pronoms ***us***, ***la***, ***les***, ***li***, ***hi*** i ***ho*** no s'apostrofen darrere d'un verb acabat en vocal: *porta-les, agafa-ho...*

COMPETÈNCIA ORAL

- L'article masculí ***lo*** i els salats ***es***, ***so*** i ***sa*** adquireixen les formes ***l'*** i ***s'*** en les mateixes condicions que indica la regla: *lo pare l'avi, s'avió, sa informàtica.*
- En registres informals els pronoms ***nos*** i ***vos*** situats entre un verb imperatiu de 1a i 2a persona i un altre pronom queden reduïts a [z]: *anem's-en (anem-nos-en), mengeu's-el (mengeu-vos-el).*

RECORDA

Pel que fa a l'apostrofació de mots començats pel prefix negatiu ***a***-:

- l'article definit ***la*** adopta la forma ***l'***: *l'anormalitat, l'asimetria...*
- la preposició ***de*** adopta la forma ***d'***: *un conjunt d'asimetries...*

La contracció

Les preposicions ***a***, ***de*** i ***per*** es contreuen amb els articles ***el***/***els*** i formen els grups ***al***, ***als***, ***del***, ***dels***, ***pel***, ***pels***.

+	el	els
a	al	als
de	del	dels
per	pel	pels

+	el	en
ca	cal	can

RECORDA

Primer s'apostrofa, després es fa la contracció: *pel torrent, per l'aigua, can xic, ca n'Amat.*

El guionet

ús del guionet	regla	excepcions
derivats i compostos	• S'escriuen sense guionet.	• Si el segon element comença per ***r-***, ***s-*** o ***x-*** i el primer acaba en **vocal**: *barba-roig, cama-sec, escura-xemeneies...*
		• Si el compost resultant produeix una **lectura errònia**: *Puig-oriol, Bell-lloc...*
		• Si el compost resultant té una **forma** molt **estranya** si s'escriu sense guionet: *qui-sap-lo, abans-d'ahir, estira-i-arronsa...*
		• Si el **primer element** duu **accent gràfic**: *pèl-roig, mà-llarg, ciència-ficció...*
		• En compostos **repetitius** i expressius: *nyigo-nyigo, poti-poti, rau-rau, xino-xano, xup-xup, ziga-zaga...*
		• Si el **primer element** és un **punt cardinal**: *nord-est, sud-americà*
		• Si algun dels elements és un **símbol** o un **nombre**: *pH-metre, goma-2...*
		• Si el prefix precedeix **majúscules**: *anti-OTAN, ex-Iugoslàvia...*
		• Si el prefix precedeix una expressió formada per dos elements o més o bé un mot que **ja porta guionet**: *ex-directora general, vice-primer delegat, anti-nord-americà...*
quantitats	• S'escriuen sense guionet.	• S'uneixen amb guió les **desenes amb les unitats** i les **unitats amb les centenes**: *vint-i-quatre, trenta-sis, set-cents, quatre-centes...*
pronoms febles	• S'escriuen amb guió els pronoms situats darrere del verb, sempre que no es puguin apostrofar: *porteu-li'n, anar-nos-en.*	
adverbi *no*	• S'escriu sense guionet davant de substantius, adjectius, verbs i adverbis.	• S'escriu amb guió davant d'alguns substantius o adjectius que presenten un ús habitual i especialitzat: *no-intervenció, no-figuratiu, no-violent...*

RECORDA

Es pot posar guionet per evitar confusions o grafies detonants: *co-rector* (dos rectors i no pas corrector), *ex-exiliat.*

ACTIVITATS

1 Escriu l'article definit adequat i apostrofa'l quan calgui:

a .... UEFA	**g** .... asimetria	**m** .... iode	**s** 11
b .... unitat	**h** .... ungla	**n** .... horitzó	**t** .... IPC
c .... onze	**i** .... humanitat	**o** .... humanisme	**u** .... institut
d .... unça	**j** .... illa	**p** .... Univers	**v** .... institució
e .... olivera	**k** .... host	**q** .... universitat	**w** .... imperi
f .... efa	**l** .... Índia	**r** .... iot	**x** .... ioga

2 Fes el mateix que en l'activitat anterior:

a .... hípica	**f** .... immortalitat	**k** .... halar	**p** .... ullera
b .... iogurt	**g** .... essa	**l** .... ianqui	**q** .... UNESCO
c .... hoquei	**h** .... hipoteca	**m** .... handbol	**r** .... investigació
d .... ONU	**i** .... Ignasi	**n** .... histèria	**s** .... informàtica
e .... urna	**j** .... humor	**o** .... iaia	**t** .... una (hora)

3 Escriu en singular els sintagmes següents:

a les insinuacions →	**i** les opinions → ....
b les universitats →	**j** les imatges → ....
c les imposicions →	**k** els hindús → ....
d les heroïnes →	**l** els usos → ....
e els udols →	**m** els interessos → ....
f les urbanitzacions →	**n** les institucions → ....
g les úniques →	**o** les instàncies → ....
h les hipoteques →	**p** les hienes → ....

4 Col·loca els articles corresponents i, quan calgui, afegeix-hi la preposició:

a Tornarem .... onze.
b .... entrada d'emergència hi havia una pintada.
c Es menja .... ungla .... peu.
d .... article que va aparèixer ahir a .... *Ara* hi havia afirmacions molt interessants.
e .... ONU és .... organització que treballa .... drets humans.
f .... avenç tecnològic pot ajudar .... humanitat.
g .... anormalitat seria que em toqués .... loteria.
h .... intel·ligència emocional es treballa.
i Anaven .... estadi una hora i mitja abans .... partit.
j Conduïen .... camí sense asfaltar.
k Anaven .... escola .... ajuntament.
l Comprava flors .... iaia.

5 Apostrofa o fes-hi la contracció, segons que calgui:

a (a + el) .... interior
b (de + el) .... ou
c (per a + els) .... cosins
d (per + la) .... unió
e (a + els) .... camins
f (ca + en) .... Ardiaca
g (ca + en) .... Rosell
h (ca + la) .... Eulàlia
i (de + la) .... host

6 Escriu un mot compost en cada cas:

a arxi + milionari → ....
b indo + xinès → ....
c menys + prear → ....
d nord + est → ....
e cent + peus → ....
f lliga + cama → ....
g sord + mut → ....
h cira + botes → ....
i anglo + americà → ....
j fil + ferro → ....
k físic + químic → ....
l cap + pota → ....
m cap + gros → ....
n grec + romà → ....
o terra + tinent → ....
p aigua + neu → ....

7 Posa el guionet en els mots compostos que l'hagin de dur:

a tric.......trac
b adeu.......siau
c cloc.......cloc
d ultra.......conservador
e pengim.......penjam
f para.......llamps
g sud.......coreà
h abans.......d'ahir
i a cuita.......corrents
j vice.......rector
k sud.......africà
l no.......tolerància
m cul.......de.......sac
n nord.......oest
o ves.......comte
p mal.......de.......cap
q pseudo.......derivat
r all.......i.......oli

8 Posa el guionet quan calgui en les parelles de mots següents. En cada cas, raona la teva resposta:

a camió.......cisterna → ....
b mà.......morta → ....
c decret.......llei → ....
d pica.......soques → ....
e de.......soca.......rel → ....
f gira.......sol → ....
g boca.......moll → ....
h cerca.......raons → ....
i guarda.......robes → ....
j nou.......ric → ....

9 Separa en síl·labes aquestes paraules:

a reixa → ....
b càrrec → ....
c til·la → ....
d subtítol → ....
e bescanvi → ....
f desguassar → ....
g senyal → ....
h gossa → ....
i sella → ....
j ruïna → ....
k desafecció → ....
l cel·la → ....
m gerro → ....
n subdirector → ....

L'elisió i el guionet

10 **Relaciona les paraules de les dues columnes i escriu els mots compostos que en resultin:**

a barba	1 dents	....
b barba	2 pedrer	....
c escanya	3 pins	....
d escanya	4 tinters	....
e escura	5 butxaques	....
f escura	6 mec	....
g lletra	7 segat	....
h penja	8 sargantanes	....
i penya	9 robes	....
j pica	10 roig	....
k pica	11 pits	....
l pixa	12 llops	....
m pixa	13 soques	....
n penja	14 ferit	....

11 **Escriu en lletres els nombres següents:**

a 19.342 → ....
b 321 → ....
c 1.731 → ....
d 124.678 → ....
e 2.453.793 → ....

12 **Escriu, en cada cas, la combinació pronominal corresponent:**

a me + el → .... vaig comprar / vaig comprar.......... / .... he comprat
b te + el → .... vaig donar / vaig donar.......... / .... he donat
c se + el → .... va endur / va endur.......... / .... ha endut
d ens + el → .... va rebaixar / va rebaixar.......... / .... ha rebaixat
e us + el → .... vaig encomanar / vaig encomanar.......... / .... he encomanat
f se + me → .... va acudir / va acudir.......... / .... ha acudit

13 **Afegeix als verbs els pronoms adequats:**

a Deixa'm la bici, Pere, va, deixa.........., si us plau!
b Deseu-vos la roba a l'armari, au, deseu..........
c Decidiu si us interessa, penseu.......... bé!
d Escriu-li l'adreça de correu electrònic, escriu.......... en aquest paper.
e Posa't la bata. Vinga, posa..........!
f Comproveu que sigui cert, assegureu..........
g Agafo els mitjons blaus del calaix i .... poso amb les sabates grogues.
h Explica.......... tot, abans que ho sàpiga la directora.

Unitat 8: Les grafies *s/ss/c/ç*

	Grafies
essa sorda [s]	s, ss, c, ç
essa sonora [z]	s, z

Essa sorda

- **A principi de mot**
  - **s** davant de **a**, **e**, **i**, **o**, **u**: *sac, serra, síndria, sorra, sucre*
  - **c** davant de **e**, **i**: *cel, cistell*
- **Enmig de mot**
  - entre vocals:
    - **ss**: *passar, tassa, passió*
    - **c**/**ç**: *estimació, peça, peces, veça, lliçó, francmaçó*
  - **s**/**c**/**ç** entre consonant i vocal: *dansa, enciam, càncer, cançó, llençol*
  - **s** entre vocal i consonant: *pasta, vista*

TINGUES EN COMPTE

- femenins amb la terminació **-*essa***: *abadessa, baronessa, metgessa* (però *marquesa, princesa*)
- superlatius amb la terminació **-*íssim***: *altíssim, riquíssim, boníssim*
- formants: **-*gress*-**, **-*miss*-**, ***press*-**: *agressió, impressió, missió*, (però *impresos, submisos*)
- darrere dels prefixos ***a*-**: *asimetria*; ***anti*-**: *antisocial*; ***bi*-**: *bisectriu*; ***contra*-**: *contrasentit*; ***di*-**: *disèpal*; ***entre*-**: *entresol*; ***sobre*-**: *sobresortir*; ***ultra*-**: *ultrasò*... (però *assentir, dissentir, pressentir, ressentir, prosseguir, resseguir*)
- els compostos: *altisonants, ecosistema, fotosíntesi, psicosomàtic, vivisecció*
- **ç**/**c** solen alternar amb **t** en una mateixa família de mots: *fort/força, tort/tòrcer*
- sufixos **-*ança***, **-*ença***: *esperança, coneixença*
- altres: *assentir, arrebossar, arrissar, assalariat, brossa, carnisseria, cassola, discussió, disfressa, disset, dissort, Eivissa, expressar, fissura, hissar, messies, mostassa, pissarra, pòlissa, possible, premissa, pressentiment, Rússia, Saragossa*

- **A final de mot**
  - **ç**/**s**: *cas, braç, gas, pis*

RECORDA

La majoria de llengües romàniques coincideixen a l'hora d'escriure **ss**: *Rússia, passió, missió, impressió, comissió, assassí...*

Essa sonora

- **A principi de mot**
  - **z**: *zona, zinc, zoo*
- **Enmig de mot**
  - **s** entre vocals: *crisi, adhesió, països, dosi, posar*

    CASOS ESPECIALS
    - *amazona, Bizanci, ozó, trapezi*
  - **z** darrere de consonant: *calze, enze, onze, quinze*

    CASOS ESPECIALS
    - els mots amb ***trans*-**, **-*dins*-**, **-*fons*-**: *transatlàntic, endinsar, enfonsar*

Les grafies *s/ss/c/ç*

ACTIVITATS

1 Identifica els sons *s, z, ss, c* i *ç* segons que siguin sords o sonors i completa la taula:

		sonoritat	situació	grafia
a	falciot	*sorda*	*després de consonant*	*c*
b	maça			
c	zona			
d	nasal			
e	soca			
f	pressió			
g	sivella			
h	cel			
i	força			
j	països			
k	atzavara			
l	falç			
m	tos			
n	capsa			

2 Omple els buits amb *s, ss, ç* o *c*:

a ....elobert
b di.......olu.......ió
c e....... for.......ar
d velo....... itat
e balan.......a
f pro.......ediment
g pin.......es
h de.......i.......ió
i exten.......í.......ima
j pre.......ió
k pi.......arra
l pòli.......a
m profe.......ora
n adre.......a
o o.......ell
p ta.......a

3 Omple els buits amb *s, rs, ç* o *rç* i accentua els mots que calgui:

a barnu.......
b esfor.......
c aven.......
d efica.......
e peda.......
f llu.......
g adver.......
h verni.......
i tra.......
j preco.......
k estru.......
l dol.......
m oca.......
n feli.......
o perspica.......
p calabo.......
q cal.......
r desgla.......
s seda.......
t saga.......

4 Omple els buits amb *s* o *ss*:

a ca.......ola
b Eivi.......a
c dra.......ana
d discu.......ió
e caraba.......a
f Sarago.......a
g mosta.......a
h paï.......os
i pa.......adís
j arri.......ar
k .... ardenya
l le.......ió
m pre.......umpte
n ma.......apà
o fronti.......a
p ma.......ís
q a.......il
r cri.......i
s regalè.......ia
t duque.......a

5 Omple els buits amb *s, ss, c, ç* o *z*:

a be.......onada
b pre.......ió
c mestre.......a
d co.......os
e ....ero
f aba.......egador
g ca.......os
h paï.......os
i endo.......ar
j ....inc
k carro.......a
l suï.......os
m cal.......e
n con.......um
o difu.......ió
p gri.......a
q ja.......
r acce.......ori
s sen.......ill
t esquin.......ar

6 Omple els buits amb *c, s* o *z*:

a ....èmola
b ....ivella
c ....ebra
d ....oològic
e ....etrilleres
f ....eure
g ....erraller
h ....edàs
i ....istell
j ....igró
k ....epat
l ....irera

7 Omple els buits amb *s* o *x*:

a e.......tranger
b e.......tensió
c e.......calivar
d e.......trany
e e.......planada
f e.......cindir
g e.......pulsar
h e.......llanguit
i e.......purgar
j e.......polsar
k e.......porgar
l e.......tendre

8 Canvia el nombre dels mots següents:

a vernís → ....
b ingrés → ....
c gros → ....
d pallús → ....
e pedrís → ....
f arròs → ....
g cas → ....
h nas → ....
i dos → ....
j gas → ....
k tros → ....
l vas → ....
m interès → ....
n francès → ....
o suís → ....
p congrés → ....
q anís → ....
r nus → ....

9 Escriu una oració amb cadascun dels mots següents:

a avanç → ....
b abans → ....
c massa → ....
d maça → ....
e llosa → ....
f llossa → ....
g vessar → ....
h besar → ....
i calces → ....
j calzes → ....

Les grafies *s/ss/c/ç*

10 **Completa les frases amb les grafies *s, ss, c, ç* o *z*:**

- **a** Un pre.......umpte a.......a.......í va ser detingut pels Mo.......os.
- **b** Sentia enyoran.......a quan pensava en l'escola de dan.......a.
- **c** Penso viatjar a Eivi.......a, Còr.......ega, ...arago.......a i ....ardenya.
- **d** M'enduré el cabà....... per comprar ....ucre, ...igrons, mosta.......a i ....afrà.
- **e** La pòli.......a de l'a.......eguran.......a no cobreix la trencadi.......a.
- **f** La comi.......ió analitza la cri.......i a À.......ia.
- **g** L'aneste.......ista va aplicar la do.......i adequada.
- **h** Sempre em prenc el cafè amb dos terro.......os de ....ucre.
- **i** Aquest carni.......er ven la millor carn per arrebo.......ar.
- **j** La discu.......ió entre l'alcalde.......a i la barone.......a va ser molt ten.......a.
- **k** El comi.......ari ha re.......olt tots els ca.......os d'agre.......ió ra.......ista.
- **l** Cada any es disfre.......a d'abade.......a medieval.

11 **Omple els buits amb *s, ss, c, ç* o *z*:**

Un cop vaig ser en unes galeries del ....entre de la ....iutat que so.......pito que eren les galeries Maldà, i un matí de la meva infante.......a, inoblidable, vaig caminar amb el meu pare de la pla.......a del Pi, on em va en.......enyar els pintors silen.......io.......os i con.......entrats, fins a la diminuta pla.......a Milan....... Allà el meu pare i jo ens vam e.......tirar a terra per veure un cercle perfecte emmarcant el ....el. És l'única pla.......a rodona del món, em va dir ell. Perquè el Vaticà no és perfecte. I jo vaig pa.......ar anys provant de recordar quin era aquell lloc extraviat, aquella pla.......a diminuta i tan perfectament rodona.

La vaig trobar fa poc, sen.......e adonar-me'n. Un dia que, com si fos e.......trangera, caminava de.......pi.......tada per Bar.......elona, sen.......e orientar-me gaire, mig perduda. I l'impacte que tinc cada cop que em faig cons.......ient que visc en aquesta ....iutat per la qual deambulo ane.......te.......iada.

Lolita Bosch, *La família del meu pare*

12 **Llegeix el fragment del poema següent i omple'n els buits amb *s, ss, z,* o *sc*:**

La paraula

Aturada ja la vida
quie.......ent, vell i nafrat,
he sentit una gran vida
que a benauran.......a convida
per un camí no fre.......at.
Deleró......, enderiat,
he pres tot d'una embran.......ida;
fent un ....alt fora de mida,
.......obtadament m'he envolat.

Joan Vinyoli

Unitat 9: Les grafies *b/v*

b/v

- **b**
  - davant de ***l/r***: *poble, blat, braç, obra*
  - darrere de ***m***: *ambient, bomba, vamba*
  - alternança amb ***p*** en la mateixa família: *sap/sabia, llop/llobató, cap/cabota*
- **v**
  - darrere de ***n***: *canvi, envà, conveni*

    CASOS ESPECIALS

    - *tramvia, circumval·lació, triumvir*

  - darrere de ***d***: *adverbi, advocat, inadvertir*
  - desinències imperfet indicatiu de la 1a conj. **-*ava***, **-*aves***, **-*àvem***, **-*àveu***, **-*aven***: *cantava, cantaves, cantàvem, cantàveu, cantaven*
  - alternança amb ***u*** a la mateixa família: *nou/nova, moure/moviment, deu/devia, beure/bevia*

RECORDA

- El nom de les lletres ***b*** i ***v*** és be alta i ve baixa, mentre que el de la ***w*** és ve doble.
- Hi ha formes verbals que incorporen **-*aba*** o **-*ava*** en el lexema: *alaba, acaba, clava, grava...*

TINGUES EN COMPTE

Casos especials i divergències amb altres llengües

S'escriuen amb *v*					
advocat	avortar	covard	gavardina	pavelló	sivella
alcova	bava	envestir	govern	provar	travar
almívar	canviar	espavilar	gravar	raval	trèvol
aprovar	cascavell	Esteve	haver	rave	vernís
avet	cavall	esvelt	llavi	rovell	vogar
avorrir	Còrdova	fava	núvol	savi	voltor

S'escriuen amb *b*			
arribar	bena	corb	rebolcar
automòbil	biga	corba	riba
baf	bolcar	desimbolt	saba
baró	brins	mòbil	Sèrbia
baco	comboi	robontar	troballar

Pseudoderivats	
avortar → aborció	escriure → escriba (però *escrivà*)
calb → calvície	llavi → labial
cervell → cerebral	lliure → liberal
corb → còrvid	moure → mòbil
corba → curvatura, curvilini	núvol → nebulós
deure → dèbit	provar → probable, probabilitat

RECORDA

Els **pseudoderivats** són paraules cultes que provenen directament del **llatí** i no s'escriuen com la resta de paraules de la mateixa família.

ACTIVITATS

1 Omple els buits amb *b* o *v* i dedueix la norma ortogràfica que cal aplicar en aquests casos:

a po.......le
b ....risa
c ....ranca
d can.......i
e con.......icció
f ....lat
g ....lanc
h po.......re
i ....rossa
j àm.......it
k en.......elat
l em ....assament

....

....

....

....

2 Tingues en compte el mot primitiu, i omple els buits amb *b* o *v*. Després, justifica els canvis consonàntics que es produeixin.

a deu → de.......ia: ....
b beu → be.......ia: ....
c rep → re.......ia: ....
d sap → sa.......éssim: ....
e viu → vi.......ència: ....
f estrep → estre.......ada: ....
g clau → cla.......ar: ....
h arxiu → arxi.......er: ....
i blau → bla.......enc: ....
j tou → esto.......ar: ....
k caliu → escali.......ar: ....
l decep → dece.......ut: ....

3 Completa amb *mb* o *nv*:

a e..........ull
b dese..........olupar
c e..........olic
d e..........ergadura
e i..........itar
f i..........estigar
g e..........estir
h e..........ernissar
i e..........eja
j e..........iar
k ti..........al
l co..........oi
m mi..........ar
n interca..........i
o e..........alar
p e..........oscada

4 Completa aquests mots amb *b* o *v* i digues si són derivats populars o pseudoderivats:

a escri.......a → ....
b escri.......à → ....
c mo.......iment → ....
d mò.......il → ....
e la.......ial → ....
f lla.......i → ....
g cur.......atura → ....
h cor.......a → ....
i pro.......ador → ....
j pro.......able → ....
k cal.......a → ....
l cal.......ície → ....

5 Completa aquests mots amb *b* o *v* i escriu la norma que afecta la grafia del verb *haver* i dels imperfets de la 1a conjugació:

a ha.......íem
b troba.......a
c cava.......a
d robà.......eu
e ha.......ent
f ana.......a

....

....

6 Conjuga l'imperfet d'indicatiu dels verbs següents:

arribar	provar	acabar
....	....	....
....	....	....
....	....	....
....	....	....
....	....	....
....	....	....

7 Omple els buits amb *b* o *v*:

a re.......entar
b re.......olca
c ....erruga
d co.......ard
e cara.......el·la
f mò.......il
g ....iga
h go.......ern
i gani.......et
j a.......all
k ra.......e
l alco.......a
m sa.......i
n ca.......alcar
o a.......orrir
p endí.......ia
q almí.......ar
r cal.......
s ....asc
t tro.......ador
u fa.......a
v a.......ortar
w tre.......all
y ....af

8 Completa els mots amb *b* o *v*:

a Un home ....asc ana.......a cada setmana de ....iscaia a Còrdo.......a.
b Es va posar una ....ena a la ....erruga que tenia enmig de la cal.......a.
c Quan van arri.......ar a la ta.......erna vam ....eure que una ....iga ha.......ia cedit.
d L'Este.......e s'ha comprat una ga.......ardina per anar a ca l'ad.......ocat.
e És pro.......a.......le que la Joana apro   i la pro.......a de català.
f El camió que transporta.......a ca.......alls ha ....olcat prop d'un ....osc d'a.......ets.
g Diuen que una persona espa.......ilada no s'a.......orreix mai.
h El go.......ern en.......iarà un com.......oi d'ajut humanitari.
i El fuster ha gra.......at un trè.......ol a la fusta en.......ernissada.
j Els sa.......is són persones que fan tre.......allar el cer.......ell.
k Ana.......a amb automò.......il per la ri.......a i deixa.......a enrere un nú.......ol de pols.
l Des que va arri.......ar de l'Ha.......ana, sem.......la que li hagi caigut la ....ena dels ulls.
m Els pobles de la ....all ....an organitzar un.......all de disfresses per celebrar el Carnestoltes.

Les grafies *b/v*

9 Escriu un derivat dels mots següents amb *b* o *v*:

a nou → ....
b llop → ....
c suau → ....
d estrep → ....
e blau → ....
f cap → ....
g neu → ....
h rep → ....
i clau → ....
j esclau → ....

10 Omple els buits amb *b* o *v*:

Aquestes són les hores de sols ....elocíssims,
i ara ca.......alquen uns homes de llargues ca.......elleres,
per damunt les escales del ....ent, ca.......alls de somni.
S'ele.......en a fogueres a.......ri.......ades,
mouen el fum ....ermell i la tene.......ra roja
i empenyen els reflexos de l'incendi.
Arri.......en a les nits que ....ateguen de foc,
corren per diamants cremats, arena, cendra.
Per les ones roents del paradís,
.......olen damunt les flames afuades.
Homes alats de llargues ca.......elleres com ....aten
amb l'espasa del ....ent i de la llum.

BARTOMEU ROSSELLÓ-PÒRCEL

11 Omple els buits amb *b* o *v*:

En Julià deia que al mig de la pedra hi ha.......ia un tresor, però cap dels a.......is a qui ....am consultar ens ho ....a poder confirmar, els a.......is reien. ....uscà.......em pedres de gra.......era ....en arrodonides, les nostres preferides, i les fèiem tossar les unes contra les altres fins a esquerdar-les, i aleshores, com si es tractés d'una magrana, les o.......ríem i mirà.......em dins, i res, dins de la pedra només hi ha.......ia la mateixa pedra, tot el centre és pedra, la pedra sempre ....usca el seu centre. De tant en tant alguna impuresa que més que engrescar-nos ens emprenyava, fins que ....am decidir can.......iar de joc malgrat que en Julià continua.......a partint pedres dos o tres dies més.

Aquest era el lloc de tro.......ada on els de casa sortíem a ....uscar les ....isites o els con.......idats, en un diàleg caminat per re.......re a qui s'acosta, si tu ....ens jo ....inc al teu encontre, però a.......ui no ....e ningú perquè no els he a.......isat.

FRANCECS SERÉS, *De fems i de marbres*

Unitat 10: Les grafies *j/g* i *x/ix*

j/g

- **j** [ʒ] / **tj** [tʒ]
  - davant **a**, **o**, **u**: *jardí, justícia, penjo, julivert, platja*

  CASOS ESPECIALS
  - grups **-ecc-**/**-ect-**: *injecció, injectar, objectiu*
  - alguns noms d'origen bíblic: *Jesús, Jeremies, Jericó, Jehovà*
  - altres mots: *majestat, jeroglífic, jersei, jerarquia*
  - verb *jeure*: *jec, jeuen, jeies, jèiem*

- **g** [ʒ] / **tg** [tʒ]
  - davant de **e**, **i**: *gerrer, rellotge, girafa*

RECORDA

Alternança de *g/j*, *tg/tj* en moltes famílies de paraules: *enveja/enveges, platja/platges...*

tx/ig

- **tx**
  - a principi de mot: *txec, txetxè*
  - enmig de mot: *cotxe, fitxa, batxillerat*
  - a final de mot → derivats **tx** [tʃ]: *despatx/despatxar, esquitx/esquitxar*
- **ig**
  - a final de mot → derivats amb ***j/g***, ***tj/tg*** [ʒ], [dʒ]: *puig/pujol, raig/rajar, boig/bogeria, lleig/lletjor*

x/ix

- **x**
  - ics → so [ks]: *taxi*
    → so [gz]: *examen*

  TINGUES EN COMPTE

x [ks]		
fix	luxe	sintaxi
flux	Mèxic	taxa
índex	òxid	text

x [gz]		
exagerar	exhaurir	existir
exemple	exhibir	èxit
exercici	exigent	èxode
exèrcit	exili	exòtic

  - xeix → so [ʃ]: *marxar, xoc, maduixa*

RECORDA

S'escriuen amb **s**: *esplanada, espolsar, estrany, estranger, estendre , esprémer.*

RECORDA

El verb *eixir* presenta alternança en formes: *eixim, ixen/eixiu, ix...*

- **x**
  - a principi de mot: *xicot, xoc, xec*
  - darrere de consonant: *xarxa, manxa, punxa, anxova, orxata*
  - darrere de vocal ***i***: *guix, Flix, bixest, mixeta* (però [ks]: *fix, sufix, apèndix, hèlix*)
  - darrere de ***u*** segon element d'un diftong: *disbauxa, rauxa, xauxa, xiuxiueig*
  - a final de mot després de consonant: *ponx, romanx, Elx*
- **ix**
  - darrere de vocals ***a***, ***e***, ***o***, ***u***: *baixar, reixa, brioix, maduixa*

ACTIVITATS

1 Completa els mots amb *g* o *j* i escriu la norma que cal aplicar en aquests casos:

a ....erani	**e** ....oguina	**i** ....ugador	**m** ....ardí
b bo.......eria	**f** ....inesta	**j** bur.......ès	**n** ra.......ola
c pu.......ol	**g** lle.......ir	**k** ....irafa	**o** ....enoll
d ....utjat	**h** ....erro	**l** vi.......ília	**p** ....ener

....
....
....

2 Fes el mateix que en l'activitat anterior i indica les excepcions de la norma:

a ob.......ecte	**d** in.......ecció	**g** ....erarquia	**j** ma.......estat
b ....erusalem	**e** ....eroni	**h** ....eure	**k** sub.......ecció
c ....ersei	**f** ....eroglífic	**i** ....esuïta	**l** pro.......ecte

....
....
....

3 Completa amb *tj* o *tg* i escriu la norma que cal aplicar en aquests casos:

a corre..........a	**d** via..........e	**g** si..........es	**j** mi..........a
b trepi..........ada	**e** pla..........a	**h** fe..........e	**k** esto..........ar
c forma..........e	**f** me..........e	**i** ju..........e	**l** ora..........ol

....
....
....

4 Conjuga el present d'indicatiu dels verbs següents:

viatjar	menjar	fugir
....	....	....
....	....	....
....	....	....
....	....	....
....	....	....
....	....	....

5 Completa la taula seguint l'exemple:

	saqueig	saquejar	saquejos
a	raig		
b			festejos
c		empatxar	
d		escabetxar	
e	desig		

6 Omple els buits amb *tx* o *ig* i escriu la norma sobre l'alternança entre aquests dos dígrafs a final de paraula:

a capri.......
b me.......a
c bo.......í
d rebu.......
e assa.......
f fa.......
g passe.......
h bate.......
i lle.......
j despa.......
k bo.......
l pu.......
m esto.......
n go.......
o safare.......
p empa.......
q cartu.......
r gava.......
s esqui.......
t mare.......

....

....

....

7 Completa aquests mots amb *tx* o *ig*:

a pasti.......
b cloque.......
c bate.......
d degote.......
e esca.......
f trep.......
g cartu.......
h ga.......
i balbuce.......
j esque.......
k cama-ro.......
l sandvi.......
m enu.......
n aiguabarre.......
o esque.......
p esqui.......

8 Omple els buits amb *j*, *g*, *tj* o *tg*:

Setze ju.......es
men.......en fe.......e
d'un pen.......at.

I cada ju.......e
és negre com el su.......e.
I el fe.......e del pen.......at
és tot rosat.

I el pen.......at
era un bon me.......e
a qui havien condemnat
per here.......e.

Però els setze ju.......es
van ésser ju.......ats
per uns altres ju.......es
no tan afamats,
més ....ustos
i amb ....estos
més civilitzats.

I els ju.......es in.......ustos
tots foren pen.......ats.
I dels setze fe.......es
en van fer *foie-gras*
per a ju.......es i me.......es
de bon tarannà.

Setze ju.......es
men.......en fe.......e
d'un pen.......at!

PERE QUART

Les grafies *j/g* i *x/ix*

9 Completa amb *x* o *ix* i escriu la norma que en justifica la grafia:

a gui.......	**f** ....oc	**k** ....op	**p** rau.......a
b ar.......iu	**g** gru.......	**l** bi.......est	**q** re.......a
c co.......	**h** por.......ada	**m** ....erinola	**r** co.......í
d brú.......ola	**i** cli.......é	**n** cru.......iment	**s** llan.......a
e e.......ida	**j** ve.......iga	**o** ru.......ador	**t** pan.......a

....

....

....

10 Classifica els mots següents segons el so de la *x*:

luxe, examen, exili, exacte, èxit, exhibir, màxim, guix, exercici, índex, textura, exemple, xec, xarxa, rauxa, xut, òxid

[ks]	[gz]	[ʃ]

11 Completa aquests mots amb *s* o *x*:

a e.......pulsar	**d** e.......tendre	**g** e.......tensió	**j** e.......cursió
b e.......trany	**e** e.......calivada	**h** e.......poliar	**k** e.......pressar
c e.......prémer	**f** e.......positor	**i** e.......caure	**l** e.......plaiar

12 Escriu una oració en què s'evidenciï el significat de cadascun dels mots següents:

a accepció: ....

b excepció: ....

c accés: ....

d excés: ....

e expurgar: ....

f esporgar: ....

g expirar: ....

h aspirar: ....

i excedir: ....

j accedir: ....

13 **Completa amb *x* o *ix* els mots de les oracions següents:**

- **a** Prop de la paret engu.......ada hi ha tres ....iprers que cobre.......en el nín.......ol.
- **b** Aque....... ....icot duu sempre la clen.......a ben feta.
- **c** Els va agafar un ....àfec quan anaven a ....àtiva.
- **d** Aquest noi només pensa en la disbau.......a i la ....erinola.
- **e** El ....ut va esquinçar la ....ar.......a de la porteria ....inesa.
- **f** Sempre que vaig a ....i.......ona em prenc una or.......ata de ....ufla.
- **g** A la ....ina s'ha produït una e.......ecució capital.
- **h** Les bru.......es es gron.......en quan bufa el ....aloc.
- **i** Ha tret la fa.......a de la cala.......era.
- **j** L'amba.......ador s'ha pun.......at amb una ....eringa que hi havia a la co.......inera.
- **k** Un bo....... feia servir una fle.......a per pun.......ar la gent.
- **l** Van fer una excursió a les escle.......es del Papiol.
- **m** El cau.......ú que es fa servir per fer els pneumàtics dels cotxes em provoca mare........
- **n** No suporto el parrupe....... dels coloms de la plaça ni el brogit dels co.......es.

14 **Completa amb *tx, ig*:**

- **a** El bo.......í es va mostrar fa.......enda durant l'entrevista.
- **b** La Meri.......ell feia pa.......oca després del passe....... per Andra........
- **c** Sento des....... de menjar garna.......a cada cop que va....... a la Garro.......a.
- **d** L'assa....... de buce....... em va produir mare........
- **e** El gava....... del despa....... es va endur l'esto........
- **f** Prepara les pe.......ines amb bi.......o
- **g** Va pintar amb una bro.......a de cau....... ú l'escle.......a de la paret.

15 **Omple els buits amb *x* o *ix*:**

La ca.......a

Valent-se d'una ca.......a
i una cadira co.......a
la senyora Maru.......a
que és una mica ba.......a,
collava ella mate.......a,
una bombeta flu.......a.
Per art d'alguna bru.......a
s'esmicolà la ca.......a,
caigué donya Maru.......a,
topà contra la ca.......a
i es va trencar la cu.......a.

AGUSTÍ BERNAUS

Unitat 11: Les grafies *b/p*, *d/t* i *g/c* a final i enmig de mot

p, t, c

- **A final de mot**
  - darrere de vocal tònica: *cap, llop, panet, humit, amic, noruec*

> ⚠ **CASOS ESPECIALS**
> - S'escriuen amb **-b**: *adob, club, cub, tub, Job.*
> - S'escriuen amb **-d**: *fred, Alfred, sud*; femenins **-etud**, **-itud**: *quietud, actitud.*
> - S'escriuen amb **-g**: *Hug, estrateg*; terminacions **-leg**, **-gog**, **-reg**: *biòleg, pedagog, tuàreg.*

b/p, d/t, g/c

- **A final de mot**
  - darrere de consonant o vocal àtona. Cal comprovar els derivats:
    - *destorb* → *destorbar*
    - *serp* → *serpentejar*
    - *sort* → *sortejar*
    - *sord* → *sordesa*
    - *blanc* → *blancor*
    - *sang* → *sangonós*

> **RECORDA**
> - *rec* → canal
> - *reg* → fornir aigua a les plantes

> ⚠ **CASOS ESPECIALS**
> - present d'indicatiu: *entenc, tinc...*
> - alguns mots: *ànec, càrrec, espàrrec, fàstic, feréstec, préssec , llòbrec, mànec, rònec, tràfec, xàfec*

- **Enmig de mot**
  - **ab**-, **ob**-, **sub**-: *abdicar, objecte, subjecte*
  - **cap**-: *captar, capvespre, capgirar, capdavanter*
  - **ad**-: *adjacent, admetre, adverbi*
  - **g** + **m/n/d**: *augment, regnar, Magdalena*

> ⚠ **CASOS ESPECIALS**
> - *apte, optar, òptim, òptic, cabdal, cabdell, cabdill, atles, atleta, atmosfera, atzar, atzur, anècdota, acne, tècnic*

- **Duplicació *d*, *g* i *c***
  - **dd**: *addicció, adduir, addenda, additiu*
  - **gg**: *suggestiu, suggerir* (i derivats)
  - **cc**: *accent, succeir, accés, acceptar, accelerar*

> **RECORDA**
> - El gerundi de tots els verbs acaba en **-nt**: *estudiant, sortint.*
> - El participi de molts verbs acaba en **-t**: *partit, saltat, fet.*
> - *Quan* (temps) / *quant* (quantitat).
> - *Tan* va davant d'adjectiu o d'adverbi: *tan gran, tan malament.*
> - *Tant* va davant de nom o de verb: *tant demanar-ho, tants problemes.*

ACTIVITATS

1 Completa els mots amb *p* o *b* i escriu-ne un derivat. Explica la norma d'aquestes grafies:

Exemple: estrip → *estripar*

- **a** ti....... → ....
- **b** ta....... → ....
- **c** llo....... → ....
- **d** ca....... → ....
- **e** glo....... → ....
- **f** dra....... → ....
- **g** sa....... → ....
- **h** re....... → ....
- **i** co....... → ....
- **j** xarru....... → ....

....

....

....

2 Fes el mateix amb *t* o *d*:

- **a** estre....... → ....
- **b** pare....... → ....
- **c** bulli....... → ....
- **d** humi....... → ....
- **e** bro....... → ....
- **f** di....... → ....
- **g** mu....... → ....
- **h** bru....... → ....
- **i** flori....... → ....
- **j** confi....... → ....

3 Fes el mateix amb *c* o *g*:

- **a** abri....... → ....
- **b** llampe....... → ....
- **c** anti....... → ....
- **d** norue....... → ....
- **e** fan....... → ....
- **f** gre....... → ....
- **g** càsti....... → ....
- **h** san....... → ....
- **i** ami....... → ....
- **j** càrre....... → ....
- **k** llar....... → ....
- **l** blan....... → ....

4 Completa amb *t* o *d* i escriu la norma d'aquestes grafies a final de paraula:

- **a** ver
- **b** salu.......
- **c** quietu.......
- **d** solitu.......
- **e** altitu.......
- **f** esclavitu.......
- **g** Alfre.......
- **h** institu.......
- **i** atribu.......
- **j** agu.......
- **k** for.......
- **l** su.......
- **m** flui.......
- **n** rebu.......
- **o** senectu.......
- **p** àci.......
- **q** len.......
- **r** sòli.......
- **s** joventu.......
- **t** astu.......

....

....

....

Les grafies *b/p*, *d/t* i *g/c* a final i enmig de mot

5 Completa amb *c* o *g* i escriu la norma d'aquestes grafies a final de paraula:

a llar.......
b aple.......
c or.......
d blan.......
e ce.......
f ge.......
g anti.......
h biòle.......
i enten.......
j feréste ....

....

....

....

6 Fes el mateix que en l'activitat anterior:

a ma.......
b tin.......
c gro.......
d présse.......
e buldo.......
f ròne.......
g fàsti.......
h àne.......
i màne.......
j tràfe.......
k aràbi.......
l galle.......

....

....

....

7 Completa la taula amb el paradigma sencer de cada paraula:

	masculí singular	femení singular	masculí plural	femení plural
a		poruga		
b				noruegues
c	groc			
d			manyacs	
e	amic			
f		cega		

8 Completa els mots següents amb *p* o *b*:

a su.......jecte
b ca.......dal
c ca.......ficar
d ine.......te
e ca.......dill
f a.......dicar
g xaro.......
h parru.......
i ca.......tar
j ca.......gira
k ce.......tre
l glo.......
m esclo.......
n tal.......
o ca.......çal
p cal.......
q esquer.......
r ado.......
s cor.......
t a.......domen

9 Completa els mots següents amb *g*, *c*, *p* o *b*:

a mara.......da
b co.......nom
c amí.......dala
d fra.......ment
e a.......te
f ca.......dill
g anè.......dota
h du.......te
i a.......ne
j ado.......tar
k so.......te (de)
l au.......ment
m o.......tenir
n o.......tar
o dissa.......te
p dia.......nòstic

10 Conjuga el present d'indicatiu dels verbs següents:

saber	percebre	cabre
....	....	....
....	....	....
....	....	....
....	....	....
....	....	....
....	....	....

concebre	rebre	decebre
....	....	....
....	....	....
....	....	....
....	....	....
....	....	....
....	....	....

11 Escriu un derivat acabat en *-ut/-ud*. Col·loca-hi la dièresi sempre que calgui.

a sol → ....
b nervi → ....
c decrèpit → ....
d alt → ....
e esclau → ....
f ventre → ....
g ample → ....
h barra → ....
i bony → ....
j ple → ....

12 Completa els mots de les oracions següents amb *d, t, g, c, p* o *b*:

a El pròfu....... va si.......nar el document per evitar el càsti.......
b Tin....... du.......tes sobre l'exactitu....... de les proves aportades pel pedago.......
c El biòle....... remena un tu....... ple d'un flui....... ver.......
d Amb el trafe....... que duia, vaig oblidar d'anar a plaça a comprar àno.......s i présse.......s.
e Quan fa fre....... em pren....... una sopa d'espàrre.......s.
g El ca.......dill dels ibers va acce.......tar la su.......missió als romans.
h He su.......gerit de comprar una mara.......da a la Ma.......dalena.
i Va llescar el pa amb un ganivet amb el màne....... ròne.......
j La ingratitu....... de l'Hu....... és d'una magnitu....... inimaginable.
k El flui....... ha estat analitzat pels biòle.......s de l'institu....
l Gràcies al Re....... Comtal hi havia re....... per a les terres del Vallès.
m No entenc l'actitu....... de fàsti....... que mostra el Conra.......

Unitat 12: Les grafies *l·l*, *m*, *mp*, *n* i *nn*

l·l

En una mateixa família de paraules solen alternar mots amb ***ll*** i mots amb ***l·l***:

- *metall → metàl·lic, metal·lúrgia*
- *cristall → cristal·lí, cristal·litzar, cristal·lograf ia*

- **Solen dur *l·l***
  - els mots d'origen culte començats per ***il·l-***: *lògic/il·lògic, legítim/il·legítim, lícit/il·lícit, legal/il·legal, liberal/il·liberal, limitat/il·limitat*
  - els mots començats per:
    - **al·l-**: *al·lèrgia, al·licient, al·lucinació, al·lusió*
    - **col·l-**: *col·laborar, col·loqui, col·lecció, col·lectiu, col·legi, col·locar*
  - els mots que acaben en:
    - **-el·la**: *mortadel·la, novel·la, ombrel·la, parcel·la, varicel·la, aquarel·la*
    - **-il·la**: *goril·la, destil·lar, til·la*
    - **-el·lir**: *expel·lir, repel·lir*

RECORDA

La grafia ***l·l*** sol coincidir amb l'ús de ***ll*** en anglès i francès:

- *col·legi → collège* (fr.), *college* (angl.)
- *excel·lent → excellent* (fr.), *excellent* (angl.)

m/mp/n/nn

- ***m***
  - davant de ***b***, ***p***, ***m***, ***f***: *embolicar, empipar, immòbil, àmfora*
  - mots començats per ***circum-***: *circumferència, circumflex, circumstància*

CASOS ESPECIALS

- compostos amb prefix acabat en **-*n***: *enmig, tanmateix, benparlat*
- mots començats en ***con-***, ***en-***, ***in-*** + ***f***: *confessar, enfadar, infermera*

RECORDA

S'escriuen amb ***m***: *empremta, femta, imam, premsa* i *somrís*.

- ***n***
  - davant de ***v***: *canviar, enviar, envà*

CASOS ESPECIALS

- *tramvia, triumvir* i mots amb ***circum-***

- ***mp***
  - *assumpte, prompte, assumpte, redempció, assumpció, símptoma, atemptar, sumptuós, exempt, temps, presumpte, temptar*
- ***nn***
  - *Anna, innocent, bienni, annex, decenni, connectar, perenne, innocu, mannà*

RECORDA

- *compte* → càlcul
- *comte* → títol, nobiliari
- *conte* → narració curta

RECORDA

Algunes grafies que tradicionalment s'escrivien amb doble ***nn*** permeten també la grafia amb una ***n*** simple: *tenis/tennis, escànner/escàner.*

ACTIVITATS

1 Completa els mots següents amb *l* o *l·l*:

a co.......isió
b co.......egi
c mo.......usc
d pe.......ícula
e bè.......ic
f co.......oqui
g insta.......ar
h so.......icitud
i ree.......ecció
j re.......ació
k cò.......era
l fa.......es
m co.......ador
n fa.......era
o sí.......aba
p penici.......ina
q ce.......estial
r reve.......ar
s carave.......a
t se.......ecció
u e.......aboració
v so.......ució
w ce.......ebrar
x co.......aborar

2 Fes el mateix que en l'activitat anterior:

a pà.......id
b a.......egar
c e.......ectrònic
d parce.......a
e a.......egria
f mi.......èsim
g nove.......a
h jubi.......at
i ce.......a
j pupi.......a
k gori.......a
l mi.......ímetre
m desti.......ar
n co.......ossal
o mortade.......a
p para.......el
q i.......ustre
r mi.......enari
s ti.......a
t satè.......it
u mo.......ècula
v osci.......ar
w cà.......id
x mi.......anès

3 Escriu un derivat culte de cadascun dels mots següents:

Exemple: metall → *metàl·lic*

a cabell → ....
b cristall → ....
c fallar → ....
d llum → ....
e cancell → ....
f flagell → ....
g aixella → ....
h pell → ....
i corall → ....
j ampolla → ....

4 Completa cada un dels adjectius següents amb *l* o *l·l* i digues a quina definició correspon:

a axi.......ar
b ampu.......ós
c gà.......ic
d exce.......ent
e i.......ès
f crista.......í
g me.......osa
h infa.......ible
i co.......èric
j me.......iflu
k cora.......í
l he.......ènic
m ine.......udible
n co.......ossal
o e.......íptic

1 .... Estil inflat.
2 .... Relatiu o pertanyent a l'aixella.
3 .... Que es deixa portar fàcilment per una irritació violenta.
4 .... Gegantí.
5 .... De corall.
6 .... De la naturalesa del cristall.
7 .... Que té forma de corba tancada diferent de la circumferència.
8 .... Carn especialment tendra.
9 .... Molt bo en el seu gènere.
10 .... Relatiu a França i als seus habitants.
11 .... Relatiu a Grècia i als seus habitants.
12 .... No damnificat.
13 .... Que hom no pot evitar.
14 .... Incapaç d'errar.
15 .... Que destil·la mel.

Les grafies *l·l*, *m*, *mp*, *n* i *nn*

5 Escriu el significat dels mots següents:

a anul·lar: ....
b anular: ....

c rebel·lar: ....
d rebelar: ....

e vil·la: ....
f vila: ....

g al·ludir: ....
h eludir: ....

6 Completa les oracions següents amb *l* o *l·l*:

a El satè.......it este.......ar va tenir una co.......isió prop d'una nova conste.......ació.
b L'Ape.......es no podrà anar a Composte.......a perquè ha tingut la varice.......a.
c La Marce.......a i l'Ave.......í han anat a veure una pe.......ícula de por.
d La so.......icitud es va lliurar al co.......egi d'advocats.
e El monjo s'ha insta.......at en una ce.......a mentre cavi.......a l'argument de la nove.......a.
f Vol comprar-se una parce.......a per construir-se una vi.......a.
g La po.......ució a la ciutat obliga a i.......uminar-la durant el dia.
h Ha ape.......at al tribunal per denunciar la i.......egalitat del projecte urbanístic.
i Viu tranqui.......ament i es dedica a la desti.......ació d'aiguardent.
j Per pa.......iar la sequera han fet construir un gran co.......ector amb els fons procedents de Brusse.......es.

7 Omple els buits amb m o n i escriu la norma corresponent:

a o.......bra	**d** co.......veni	**g** i.......mens	**j** è.......fasi
b co.......moure	**e** trio.......f	**h** ca.......pió	**k** e.......veja
c ca.......vi	**f** a.......fibi	**i** o.......plir	**l** si.......fonia

....

....

8 Fes el mateix que en l'activitat anterior i escriu les excepcions de la norma:

a co.......fessar	**d** e.......focar	**g** i.......flar	**j** i.......forme
b co.......ferència	**e** à.......fora	**h** e.......mig	**k** tra.......via
c e.......feinat	**f** i.......molar	**i** tru.......fo	**l** i.......mutar

....

....

9 **Omple els buits amb *m*, *mp* o *n*:**

a i..........pressió
b exe..........t
c e..........filar
d co..........fit
e co..........fecció
f co..........veni
g tra..........via
h i..........fecció
i fe..........ta
j ta..........mateix
k te..........tació
l assu..........te
m pre..........sa
n xa..........frà
o ni..........fa
p i..........pre..........ta
q sa..........faina
r si..........toma
s so..........riure
t fa..........farró

10 **Completa aquests mots amb *m*, *mp* o *n* i defineix-los:**

a e.......và
b è.......fasi
c e.......botornat
d te.......tar
e triu.......vir
f à.......fora

a → ....
b → ....
c → ....
d → ....
e → ....
f → ....

11 **Escriu un derivat dels mots següents utilitzant un prefix que indiqui el contrari:**

Exemple: cert → *incert*

a mòbil → ....
b mortal → ....
c merescut → ....
d material → ....
e moral → ....
f motivat → ....

12 **Completa les oracions amb els mots *comtal*, *comte*, *comptar*, *compte* o *conte*:**

a El .... del Pallars va defensar coratjosament els seus drets.
b Cada mes tinc el .... corrent actualitzat.
c Els .... de Pere Calders són peces literàries de gran qualitat.
d A la feina, es passa el dia fent ....
e L'Emili va .... fins a deu abans de decidir-se.
f La Ciutat .... ha organitzat una exposició sobre la Catalunya dels .... reis.

13 **Omple els buits amb *m*, *mm*, *n* o *nn*:**

a a..........ex
b bie..........i
c co..........exió
d i..........ocu
e i..........ocent
f co..........utar
g A..........a
h ge..........a
i a..........ual
j ma..........à
k tara..........à
l co..........emorar

Unitat 13: Les grafies *h* i *r/rr*

h

En català es manté per raons etimològiques. Per això sol coincidir amb altres llengües romàniques.

- ***h***
  - **mots bàsics**: *ahir, ham, haver, herba, hereu, història, hivern, home, honor, hort, hospital, hotel, humanitat, humil, humor, vehicle...*
  - **mots cultes**: *adherir, anihilar, cohesió, exhalar, exhaurir, harmonia, hectòmetre, hel·lènic, hèrnia, hidrogen, higiene, hipèrbole, hipòtesi, hissar, homicida, homogeni, honest, inherent, prohibir, subhasta, vehement...*

TINGUES EN COMPTE

- Convé diferenciar: *hem* (verb) / *em* (pronom); *ha* (verb) / *a* (prep.); *hi* (pronom) / *i* (conjunció); *ho* (pronom) / *o* (conjunció).

RECORDA

S'escriuen sense *h*: *cacauet, coet, orfe, orxata, ostatge* i *Maó.*

r/rr

	Grafies
erra simple [ɾ]	r
erra múltiple [r]	r
erra muda [Ø]	r
erra múltiple [r]	rr

- ***r* (simple)**
  - entre vocals: *verema, carabassa, paperera*
- ***r* (múltiple)**
  - a principi de paraula: *roba, riba, roca*
  - entre consonant i vocal o vocal i consonant: *horta, honra, pèrdua, folre*
  - a final de mot (sempre que no sigui muda): *amor, cor, enter, futur, popular, rar, or, mar, vampir, vapor, sonor, far*
  - darrere de prefix o en mots compostos darrere del guionet: *autoretrat, extraradi, infraroig, Mont-roig, mata-rates*
- ***r* (muda)**
  - infinitius: *cantar, conèixer, sortir.* Es pronuncia quan va seguida d'un pronom: *cantar-ne, sortir-li, donar-ne*
  - la primera ***r*** dels mots *arbre* i *prendre*
  - derivats amb els sufixos **-ar**, **-er**,**-or**, **-dor**, **-tor**: *bestiar, fuster, blancor, venedor, doctor*
  - mots que tenen derivats en què es pronuncia la ***r***: *clar/clara, segur/segura*
- ***r* (múltiple)**
  - entre vocals: *carro, arròs, arribar*
  - prefixos ***a-***, ***cor-***, ***ir-***; *arrítmia, arraconar, corresponsable, irracional, irregular*
  - compostos amb el radical grec ***raqui-***, ***reo-***, ***rino-***, ***rinco-***, ***rizo***: *cefalorraquidi, otorrinolaringòleg, nemaorrinc, arrizotònic*

ACTIVITATS

1 Omple els buits amb *h*, quan calgui:

a ....ivern
b ....orxata
c ....orfe
d ....umitat
e ....àvid
f ....ermita

g ....isard
h ....emicicle
i ....ostatge
j ....am
k ....ombra
l ....eura

m ....ègira
n ....el·lènic
o ....èrnia
p ....exàgon
q ....aver
r .... indú

s ....ereu
t ....ermita
u ....issar
v ....ou
w ....ulla
x ....armonia

2 Alguns d'aquests mots porten *h* intercalada. Escriu-los correctament.

a maó → ....
b boemi → ....
c coet → ....
d coibir → ....
e adesió → ....
f aniilar → ....
g alcool → ....
h exaurir → ....
i filarmònic → ....
j exultant → ....
h aderència → ....
i air → ....

k totom → ....
l exumació → ....
m benaurat → ....
n truà → ....
o antiistamínic → ....
p aderent → ....
q exalació → ....
r proibit → ....
s cacauet → ....
t subasta → ....
u alesores → ....
v boemi → ....

3 Omple els buits amb les formes que et proposem:

si / s'hi / sí

a .... no treballen els dies de festa, ... que .... poden picar els dits.
b Quan .... posin, ... que ho enllestiran ràpid.

ha / a

c .... estat .... Itàlia una setmana.
d .... les set del matí .... anat a buscar el pa.
e .... donat totes les seves possessions .... una ONG.
f Avui .... comprat fruita .... la gran superfície.

hi / i

g .... vaig anar .... no els .... vaig trobar.
h Sovint no .... sento; és veritat que en Joan .... l'Elisenda són parella?
i Quan tu m'ho diguis .... aniré .... compraré la fruita.

4 Fes el mateix que en l'activitat anterior:

ham / amb / em / hem / en

a .... van dir: .... vingut .... ganes de llançar l' .... als peixos.
b No .... veig .... cor de fer tantes coses.
c .... vas anunciar que .... guanyat el primer premi .... el conte de Sant Jordi.
d Sigues prudent, ves .... compte.
e Parla .... veu baixa .... la seva companya.
f .... sap greu, però .... d'anar .... la Neus.
g No estava d'acord .... tot el que .... parlat .... tu.

em / hem

h .... comprat la bombeta equivocada.
i .... vesteixo de color negre els dies que estic trista.
j Des de fa dos anys que .... tenyeixo cada mes.
k Ja us .... explicat mil vegades l'acudit.
l .... gestionat tota la documentació tal com .... vas dir.
m Cada matí .... desperto i després .... rento la cara, les mans i les dents.

5 Completa les paraules següents i classifica-les a la taula de sota:

a a.......auxat
b i.......eal
c extra.......adi
d i.......adiació
e i.......eflexiu
f i.......ompre
g infra.......oig
h vice.......ector
i pre.......omà
j i.......egular
k a.......ítmia
l ultra.......àpid
m auto.......etrat
n contra.......èplica
o i.......isori
p i.......acional

prefixos que fan duplicar la *r*	prefixos que mantenen la *r* simple

6 Escriu un derivat dels mots següents que acabi en *r*:

a vidre → ....
b fum → ....
c fi → ....
d aigua → ....
e ferro → ....
f cendra → ....
g planta → ....
h préssec → ....
i carn → ....
j forn → ....
k alzina → ....
l clar → ....
m clau → ....
n bou → ....
o bota → ....
p rai → ....

7 Posa accent o *r* final a cada mot:

a cigro....... e sao....... i po....... m balco.......
b xipre....... f afi....... j tardo....... n recto.......
c llumi....... g bonio....... k seito....... o buta.......
d dine....... h carbo....... l rabada....... p remo.......

8 Escriu el nom de l'arbre que dona aquests fruits:

a cirera → ....
b taronja → ....
c ametlla → ....
d préssec → ....
e magrana → ....
f llimona → ....
g garrofa → ....
h nespra → ....
i albercoc → ....
j avellana → ....

9 Omple els buits amb *r* o *rr*:

a con.......ear e ve.......ema i se.......ell m en.......enou
b ....oc f en.......ocar j fol.......ar n som.......iu
c en.......abiar g co.......eu k en.......aonar o en.......ibetar
d en.......edar h en.......amada l e ....adicar p col.......ar

10 Identifica els sons [ɾ], [r] que apareixen en el text i classifica les paraules a la taula de sota:

Igual que la llengua catalana, el Castellet, antiga porta de Nostra Senyora del Pont, és un supervivent. Sense la tenacitat d'alguns ciutadans, hauria conegut la mateixa fi que la resta de la muralla, arrasada al començament del segle xx. El senyor Bartissol (recordeu el nom d' aquest personatge sinistre) va convèncer el municipi que calia enderrocar la muralla perquè la vila esdevingués «una petita Nova York».
Juri que no inventi res. Aquesta expressió grotesca figura en la premsa de l'època. Sense aquesta especulació immobiliària, Perpinyà encara tindria tota la seua muralla com Baiona Aigües Mortes.

JOAN DANIEL BEZSONOFF, *Guia sentimental de Perpinyà*

[ɾ]	[r]

Unitat 14: El nom

Definició

Categoria gramatical que té gènere i nombre. Designa persones, animals, coses o conceptes.

Estructura

Lexema (significat bàsic) + morfema (informació gènere/nombre)

Sintaxi

- El nom fa de nucli del SN i pot dur especificadors i complements.

SN → (especificadors) + nucli + (complements)

- Com a especificadors nominals funcionen els determinants (articles, possessius, demostratius, indefinits i numerals) i com a complements nominals: el SPrep, SAdj, SN o una oració subordinada.
- El SN pot fer totes les funcions que fa un nom dins l'oració: subjecte, CN, CD, CI, etc.

Classificació

- nom
  - concret
    - comú
      - comptable
        - **individual**: *roure*
        - **col·lectiu**: *ramat*
      - **no comptable**: *farina*
    - propi
      - **antropònim**: *Genís*
      - **topònim**: *Sabadell*
  - **abstracte**: *llibertat*

Gènere i nombre

Formació del masculí i femení

a) **Formació bàsica**

- **Masculí ø → Femení -a**: *noi, noia; gat, gata*

— Canvis ortogràfics:

p	→	***b***:	*llop, lloba*
t	→	***d***:	*nebot, neboda*
c	→	***g***:	*amic, amiga*
u	→	***v***:	*jueu, jueva*
s	→	***ss***:	*gos, gossa*
l	→	***l·l***:	*Camil, Camil·la*

— Recuperació de la ***n*** etimològica: *cosí, cosina; germà, germana; orfe, òrfena*

b) **Canvi de vocal en noms acabats en *e*, *o*, *u***: *pediatre, pediatra; monjo, monja; reu, rea*

c) **Terminacions pròpies** (*-ina;-essa;-òleg/-òloga;-or/-riu*): *gall, gallina; heroi, heroïna; metge, metgessa; psicòleg, psicòloga; actor, actriu*

d) Formació del masculí en -*ot* a partir del femení: *bruixa, bruixot; guilla, guillot*

e) Lexemes diferents per al masculí i femení: *amo, mestressa; marit, muller; toro, vaca; oncle, tia*

f) Noms masculins i femenins: *-aire* → *el/la drapaire*
-ista → *el/la futbolista*
-cida → *el/la homicida*

g) Noms invariables: *la girafa* (mascle/femella); *la cadernera* (mascle/femella)

TINGUES EN COMPTE

Noms que canvien de significat segons el gènere:

masculí	**femení**
el canal (via d'aigua)	la canal (canonada)
el canalla (malvat)	la canalla (mainada)
el clau (de clavar)	la clau (d'obrir i tancar)
el còlera (epidèmia)	la còlera (ràbia)
el fi (finalitat)	la fi (acabament)
el llum (aparell)	la llum (claror)
el pudor (modèstia)	la pudor (tuf)
el son (dormida)	la son (ganes de dormir)

Noms que admeten masculí i femení:

el mar / la mar
el vessant / la vessant
el vodka / la vodka

noms masculins		
afores	deute	lleixiu
avantatge	dot	pebre
compte	dubte	pendent
corrent	espinacs	senyal
costum	llegums	titella

noms femenins		
allau	claror	postres
anàlisi	dent	remor
aroma	icona	resplendor
calor	nespra	sida
cercavila	olor	suor

Formació del plural

a) Formació bàsica

- Nom singular + **s**: *torre, torres; ull, ulls*
- Canvi ***a*/*e***: *dona, dones; taula, taules*
- Canvis ortogràfics: *barca, barques; platja, platges; pasqua, pasqües*
- Recuperació de la ***n*** etimològica: *carbó, carbons; germà, germans*

b) Masculins aguts acabats en -*s*, -*ç*, -*x*, -*ix*, -*tx* > + -*os*: *pis, pisos; lluç, lluços; reflex, reflexos; feix, feixos; despatx, despatxos*

- N'hi ha que dupliquen la **s**: *accés, accessos; mosso, mossos; nas, nassos*

c) Acabats en -*sc*, -*st*, -*xt*, -*ig* > -*s*/-*os*: casc, cascs/cascos; test, tests/testos; pretext, pretexts/pretextos; bateig, bateigs/batejos

d) Invariables

- Dies de la setmana: *dilluns, dimarts*, etc. (excepte *dissabte* i *diumenge*)
- Acabats en **-*us***: *sinus, fetus, globus*
- Plans o esdrúixols acabats en **-s**: *llapis, atles*
- Alguns compostos: *milhomes, salvavides*
- Altres: *alicates, calçotets, postres, pessigolles*

ACTIVITATS

1 Escriu el femení dels noms següents:

a abat → ....
b advocat → ....
c príncep → ....
d baró → ....
e poeta → ....
f metge → ....
g burgès → ....
h sastre → ....
i pagès → ....
j jutge → ....
k diable → ....
l marquès → ....
m alcalde → ....
n déu → ....
o amo → ....
p sacerdot → ....
q promès → ....
r duc → ....
s tigre → ....
t hoste → ....

2 Escriu el femení corresponent:

a professor → ....
b forner → ....
c mestre → ....
d alumne → ....
e monjo → ....
f vidu → ....
g president → ....
h Lluís → ....
i llop → ....
j masover → ....
k os → ....
l sogre → ....
m net → ....
n jueu → ....
o orfe → ....
p comte → ....
q nuvi → ....
r parent → ....

3 Escriu un article o un determinant per a cada un dels noms següents:

a Hi havia .... corrent d'opinió contrari als seus interessos.
b La netedat és .... gran senyal de civilització.
c Té .... costum de no mirar-te mai als ulls.
d .... allaus de neu eren imprevisibles.
e És el laboratori on fan .... anàlisis de sang per ordinador.
f .... llegums i les hortalisses són menges saludables.
g Tenim .... dubtes amb .... dot de la pubilla.
h Atenció! Hi ha .... pendent molt considerable.
i Li ha tancat .... compte corrent que tenia al Banc de Catalunya.
j Va cruspir-se .... espinacs i quan van arribar .... postres volia .... nespres de l'hort.
k Van fer una representació amb .... titelles de l'Institut del Teatre.
l A l'estiu m'agraden .... olors de les plantes cromàtiques.
m .... avantatges de .... compte corrent són discutibles.

4 Escriu el singular o el plural, segons que calgui, de cada un d'aquests mots:

	singular	plural
a		textos
b	aigua	
c	segle	
d	ús	
e		fixos

	singular	plural
f	terç	
g	pugna	
h		dialectes
i		tendències
j		complexos

5 Escriu el plural dels mots següents:

a comitè → ....
b raó → ....
c cinquè → ....
d esquí → ....
e fre → ....
f veí → ....
g menú → ....
h sofà → ....
i setè → ....
j bacallà → ....
k tabú → ....
l tarannà → ....

6 Fes el plural dels mots següents. Indica'n totes les formes possibles (ex.: *basc, bascos/bascs*).

a braç → ....
b peix → ....
c despatx → ....
d gust → ....
e complex → ....
f text → ....
g disc → ....
h passeig → ....
i lluç → ....
j feix → ....
k esquitx → ....
l tast → ....
m reflex → ....
n casc → ....
o marisc → ....
p gest → ....

7 Col·loca l'article adequat davant cada un dels mots següents:

a .... afores
b .... front
c .... avantatge
d .... nespra
e .... lleixiu
f .... suor
g .... dent
h .... psicoanàlisi
i .... síndrome
j .... remor
k .... resplendor
l .... titella

8 Canvia el nombre dels mots següents:

a llapis → ....
b vernís → ....
c alicates → ....
d còdex → ....
e tesis → ....
f crisis → ....
g globus → ....
h postres → ....
i paraigües → ....
j síntesis → ....
k anàlisi → ....
l estotjos → ....

Unitat 15: L'adjectiu

Definició

Categoria gramatical que complementa el nom i li afegeix alguna qualitat o característica.

Estructura

- SAdj → (esp.) + adjectiu + (complements)
- Especificador: adverbis: <u>Molt</u> *trist.*
- Complements: SPrep. *Estic ple <u>de deutes</u>.* (CAdj)

Sintaxi

El SAdj pot fer de CN, atribut o CPred:

Dimoni pelut → CN
És amable → atribut
S'ha tornat agre → CPred

Classificació

- Adjectius especificatius/restrictius: afegeixen al nom una qualitat que serveix per a diferenciar-lo d'altres.

  Restaurava la masia <u>familiar</u>.
- Adjectius explicatius: afegeixen una qualitat ja coneguda o inherent.

  La mar <u>immensa</u>.

Gènere i nombre

a) Formació bàsica

- **Masculí singular ø** → **Femení singular -*a***: *net, neta*
- **Masculí plural -s** → **Femení plural -*es***: *nets, netes*

— Canvis ortogràfics:

u	→	***v:***	*tou, tova, tous, toves*
t	→	***d:***	*mut, muda, muts, mudes*
c	→	***g/gu:***	*feixuc, feixuga, feixucs, feixugues*
c	→	***qu:***	*fresc, fresca, frescs/frescos, fresques*
ig	→	***j/g; tj/tg:***	*lleig, lletja, lleigs/lletjos, lletges*
s	→	***ss:***	*escàs, escassa, escassos, escasses*
l	→	***l·l:***	*nul, nul·la, nuls, nul·les*

— Canvis en l'accentuació: *genuí, genuïna, genuïns, genuïnes*

— Recuperació de la ***n*** etimològica: *sa, sana, sans, sanes*

— Canvis en la vocal:

-e	→	***-a:***	*negre, negra*
-o	→	***-a:***	*minso, minsa*

— Terminacions pròpies *(-òleg/-òloga; -eu/-ea): filòleg, filòloga; europeu, europea*

b) **Terminacions** ***-s, -ç, -x, -ix, -tx*** (4 formes)

masculí		**femení**	
singular ø	**plural -os**	**singular ø**	**plural -es**
gris dolç fix	grisos dolços fixos	grisa dolça fixa	grises dolces fixes

c) **Terminacions** ***-sc, -st, -xt, -ig*** (4 formes, doble plural masculí)

masculí		**femení**	
singular ø	**plural -s/-os**	**singular ø**	**plural -es**
fosc trist mixt	foscs/foscos trists/tristos mixts/mixtos	fosca trista mixta	fosques tristes mixtes

d) **Terminacions** ***-aç, -iç, -oç*** (3 formes)

singular		**plural**	
masculí	**femení**	**masculí**	**femení**
audaç	audaç	audaços	audaces
feliç	feliç	feliços	felices
precoç	precoç	precoços	precoces

e) **Altres terminacions** (invariables)

	singular	**plural**
-al, -el, -il	igual, fidel, fàcil	iguals, fidels, fàcils
-ble	amable, noble	amables, nobles
-aire	xerraire, rondinaire	xerraires, rondinaires
-ista	egoista, narcisista	egoistes, narcisistes
-ar, -or	escolar, anterior, posterior	escolars, anteriors, posteriors
-ant, -ent	elegant, ignorant, prudent	elegants, ignorants, prudents

Gradació

positiu		no duu indicació d'intensitat i, per tant, expressa la qualitat sense cap matís afegit: *ràpid, lent, lleig*
comparatiu	**igualtat**	*tan* + adjectiu + *com*: *tan bo com*
	superioritat	*més* + adjectiu + *que*: *més bo que*
	inferioritat	*menys* + adjectiu + *que*: *menys bo que* *no* + *tan* + adjectiu + *com*: *no tan bo com*
superlatiu	**relatiu**	*el/la* + substantiu + *més/menys* + adjectiu + *de*: *l'atleta més ràpida del món*
	absolut	s'hi afegeix *-íssim, -íssima*: *boníssim, grandíssima* o bé els quantificadors *molt, massa, ben, tot*: *massa bo, ben avorrit, tot content*

positiu	comparatiu	superlatiu
bo dolent	millor pitjor	òptim pèssim
gran petit alt baix	major menor superior inferior	màxim mínim suprem ínfim

ACTIVITATS

1 Completa les sèries següents:

a		mixta		
b		francesa		
c			ignorants	
d	boig			
e		mitja		
f			pobles	
g	comú			
h				grises
i		annexa		

2 Canvia el gènere dels sintagmes nominals següents:

a polític íntegre → ....
b pediatra eficaç → ....
c professora culta → ....
d cantaire cèlebre → ....
e monjo pobre → ....
f duc corrupte → ....
g vidu trist → ....
h cabra salvatge → ....
i actor mediocre → ....

3 Completa la sèrie següent:

a	veloç			
b		dolça		
c				lletges
d			feliços	
e	nul			
f		flonja		
g	anàleg			
h				fixes

4 **Reescriu les oracions següents substituint-hi la paraula corresponent pel mot que es troba entre parèntesis. Fes-hi, a més, tots els canvis morfològics necessaris.**

a El noi (noia) va quedar orfe a cinc anys.

....

b L'Andreu (Elisenda) vol ser arqueòleg, psicòleg o psiquiatre.

....

c Vaig veure un grup d'homes (dones) vidus que volien viure feliços.

....

d El gest (actuació) del govern ha estat covard i poruc.

....

e El fill (filla) del senyor (senyora) anglès, amb formes de burgès, té un comportament poc cortès.

....

f En aquella caleta amagada, la gent (els homes) es banya nua.

....

5 **Busca un substantiu femení per a cada adjectiu. Fes-hi les modificacions morfològiques necessàries.**

a cru → ....

b ample → ....

c rude → ....

d ingenu → ....

e esquerre → ....

f alegre → ....

g sinistre → ....

h vacu → ....

6 **Llegeix el text següent i identifica-hi 14 adjectius. Reescriu-los canviant-ne el gènere i el nombre.**

El massís del Cap de Creus, i especialment les seves extremitats aplanades arran d'aigua, contrasten amb la suavitat penetrant, la lluminositat riallera i la bellesa serena d'aquesta costa catalana estesa des de Blanes fins al golf de Roses. No tenen res de clàssic, i poc de mediterrani. Tota aquesta comarca és essencialment romànica. Cadaqués sembla una vileta pirinenca, a la vora d'un pèlag estret i pelat, com les llacunes d'alta muntanya. Però l'extrema expressió d'aquest despullament integral és el catau de Portlligat, que s'adiu molt més amb les feréstegues soledats de Lanós, de l'Estany Gento o de les Maleïdes que amb la ribera mediterrània: niu de xoriguer caigut de l'espadat que l'aguantava.

GAZIEL

a .... / ....

b .... / ....

c .... / ....

d .... / ....

e .... / ....

f .... / ....

g .... / ....

h .... / ....

i .... / ....

j .... / ....

k .... / ....

l .... / ....

m .... / ....

n .... / ....

Unitat 16: El determinant

Definició

Categoria gramatical que fa d'especificador en un sintagma nominal (SN).

Sintaxi

El determinant normalment precedeix el nom al qual especifica o quantifica.

Classificació

- articles definits → *la presidenta*
- demostratius → *aquella torre*
- possessius → *el meu país*
- numerals → *tres germanes*
- quantitatius → *molts pisos*
- indefinits → *alguns jugadors*
- interrogatius → *quin dia vindràs?*
- exclamatius → *quina barra!*

Articles

Indiquen que el nom que acompanyen ja és conegut per l'emissor i el receptor.

	masculí	femení
personal	el (l')	la (l')
	en (n')	na (n')*

	masculí	femení
definit	el (l'), els	la (l'), les

*D'ús viu a les Illes Balears.

Demostratius

Indiquen la situació d'allò designat pel nom respecte de l'emissor.

	singular		plural	
	masculí	femení	masculí	femení
proximitat (emissor)	aquest	aquesta	aquests	aquestes
proximitat (receptor)	aqueix	aqueixa	aqueixos	aqueixes
llunyania	aquell	aquella	aquells	aquelles

Possessius

Indiquen a qui pertany el que designa el nom: a l'emissor, al receptor o a un tercer.

possessius tònics			
un posseïdor			
meu	meva	meus	meves
teu	teva	teus	teves
seu	seva	seus	seves
diversos posseïdors			
nostre	nostra	nostres	
vostre	vostra	vostres	
seu	seva	seus	seves
llur		llurs	

possessius àtons			
un posseïdor			
singular		plural	
mon	ma	mos	mes
ton	ta	tos	tes
son	sa	sos	ses

RECORDA

Les formes *llur* i *llurs* fan referència a més d'un posseïdor i només s'utilitzen en la llengua escrita.

Indefinits

Determinen el nom amb un mínim de precisió.

formes variables amb flexió completa			
singular		plural	
masculí	femení	masculí	femení
un	una	uns	unes
algun	alguna	alguns	algunes
tot	tota	tots	totes
cert	certa	certs	certes
mateix	mateixa	mateixos	mateixes
cadascun	cadascuna	cadascuns	cadascunes

formes variables amb flexió incompleta			
singular		plural	
masculí	femení	masculí	femení
altre	altra	altres	
tal		tals	
qualsevol		qualssevol	
———		ambdós	ambdues

formes invariables	
cada	———
cap	———
———	sengles

RECORDA

El plural de *qualsevol* és *qual**ss**evol*, amb doble essa enmig de mot.

Numerals

Indiquen una quantitat. Segons la manera com precisen la quantitat, distingim diferents numerals:

Cardinals

Expressen una quantitat exacta. Són invariables excepte *un* i *dos*, que fan el femení en *una* i *dues*. La forma *cent* fa el plural en *cents*, *centes*.

0	zero	7	set	14	catorze
1	u, un	8	vuit	15	quinze
2	dos	9	nou	16	setze
3	tres	10	deu	17	disset
4	quatre	11	onze	18	divuit
5	cinc	12	dotze	19	dinou
6	sis	13	tretze	20	vint

Ordinals

Indiquen l'ordre en una sèrie numèrica.

primer/primera, segon/segona, tercer/tercera, quart/quarta, cinquè/cinquena

Partitius

Representen la part d'un conjunt.

	singular		plural	
	masculí	femení	masculí	femení
1/2	mig	mitja	mitjos	mitges
1/3	terç	terça	terços	terces
1/4	quart	quarta	quarts	quartes

Multiplicatius

Expressen el nombre de vegades que s'augmenta una cosa.

doble, sèptuple/a, triple/a, òctuple/a, quàdruple/a, nònuple/a

Quantitatius

En aquest cas, la determinació de la quantitat és imprecisa.

	singular		plural	
	masculí	**femení**	**masculí**	**femení**
variable	quant	quanta	quants	quantes
	tant	tanta	tants	tantes
	molt	molta	molts	moltes
	poc	poca	pocs	poques
	bastant	bastanta	bastants	bastantes
invariable	gaire		gaires	
	massa, força, prou, més, menys, gens, que			

Interrogatius/exclamatius

Ens permeten demanar per algú o alguna cosa (interrogatius) o formen part d'oracions exclamatives.

singular		plural	
masculí	**femení**	**masculí**	**femení**
quin	quina	quins	quines

ACTIVITATS

1 **Digues la diferència que hi ha entre els tres determinants marcats:**

La rosa del Petit Príncep no era **una** rosa qualsevol sinó la **seva** rosa.

....

....

2 **Inventa't, en cada cas, una frase que contingui els determinants en negreta de la frase de referència:**

a **Aquest** projecte es va iniciar fa quatre anys.

....

b Pel meu aniversari vaig rebre una **vintena** de trucades.

....

3 Completa el text amb els determinants del requadre (es poden repetir).

> **dues, els, l', cinc, mateixa, els, la, quants, una mitja, un, qualsevol, algunes**

Escudella i carn d'olla

El dia abans poseu .... cigrons en remull en aigua tèbia i .... polsim de sal. També podeu afegir a la .... aigua dels cigrons .... cullerades de bicarbonat. A continuació, poseu .... vedella, ... gallina, ... orella i .... ossos en una olla amb .... litres d'aigua. Quan tota .... vianda hagi bullit .... hora i ...., li afegireu .... pilotes rodones o ovalades, ... botifarra negra i la col tallada en uns .... trossos. Si no en teniu, podeu posar-hi .... altra verdura.

4 **Torna a escriure les frases següents, substituint-hi les xifres per la seva expressió en lletres:**

a En els anys de traspàs, el mes de febrer té 29 dies.

....

b Aquesta novel·la només té 138 pàgines.

....

c El meu avi té 62 anys.

....

d La meva ciutat té 19 teatres.

....

e Aquest problema té 2 solucions!

....

f Han evadit 5.363 milions.

....

g La població de l'Alguer és de 47.814 habitants.

....

h Van vendre un quadre de Nonell per 37.833 euros.

....

5 **Escriu en lletres l'ordinal que apareix abreujat:**

a L'equip de bàsquet va quedar en .... (22a) posició.
b És la .... (5a) vegada que t'aviso!
c La meva germana viu en un .... (6è) pis i no té ascensor.
d El teu cantant preferit ocupa el .... (2n) lloc de la llista d'èxits.
e Va classificar-se el .... (847è) en la marató de la comarca.
f El 8 de juliol celebrarem el .... (27è) aniversari de noces.

Unitat 17: El pronom

Definició

Categoria gramatical que representa o substitueix un nom o un sintagma conegut o enunciat en el context.

Sintaxi/cohesió

Els pronoms eviten la repetició d'elements coneguts i, per tant, contribueixen a cohesionar el text.

*Va trobar-se la Neus i **li** va dir que recordava el dia que **la** va conèixer.*

Classificació

pronoms tònics (forts)	
personals	jo, tu...
indefinits	algú...
neutres	això/allò
pronoms àtons (febles)	
personals	em, et, es...
neutres	ho
adverbials	en, hi
pronoms relatius i interrogatius	
què, qui	

RECORDA

Alguns determinants poden tenir usos pronominals (demostratius, indefinits, etc.) quan s'elideix el nom:

*Els alumnes han acabat el curs. **Aquells** que ho vulguin poden fer la inscripció.*

Pronoms tònics

Personals

Fan referència a les persones gramaticals. Per tant, poden referir-se a la primera, segona o tercera persones.

	singular	plural
1a persona	jo, mi	nosaltres
2a persona	tu	vosaltres, vós
3a persona	ell, ella, vostè	ells, elles, vostès

RECORDA

- Com a forma de tractament formal amb caràcter impersonal és recomanable ***vós*** (2a persona del plural): *No llenceu papers a terra. No fumeu.*
- Cal evitar d'utilitzar els pronoms *ell/ella*, etc. per referir-se a coses: *Hem detectat fraus diversos, *entre ells (entre els quals) l'ús de les targetes duplicades.*

Indefinits

Fan referència a un ésser o a una cosa d'una manera imprecisa.

algú	hom	res
ningú	cadascú/cada u	quelcom
un/una	tothom	

Demostratius neutres

Tenen un valor díctic (indiquen una cosa de manera imprecisa) o fan la substitució global de tota una oració.

proximitat	llunyania
això	allò

Interrogatius

Poden aparèixer en oracions interrogatives directes o indirectes.

persones	coses
qui	què

Relatius

Introdueixen oracions subordinades i substitueixen un dels elements de l'oració principal.

pronom	que (àton)	qui	què	el qual, la qual, els quals, les quals	on
antecedent	persona o cosa	persona	cosa	persona o cosa	lloc

Pronoms febles

reflexiu	1a persona	2a persona	3a persona		adverbial
			CD/atribut	CI	
se	me, ens	te, us	el, la, els, les, en, ho	li, els	en, hi

Formes

forma reforçada	em, et, es, ens, us, el, els, en
forma plena	me, te, se, nos, vos, los, les, li, la, ho, en, hi
forma elidida	m', t', s', l', n'
forma reduïda	'm, 't, 's, 'ns, 'l, 'ls, 'n

RECORDA

Els pronoms ***em***, ***et*** i ***es*** adopten la forma plena quan precedeixen un altre pronom (excepte *ho*; *hi*), tant si van davant com darrere del verb: *me les pagaràs*, però *m'ho pagaràs*; *se li diu*, però *s'ho mereix*.

RECORDA

Els pronoms no poden anar simultàniament davant i darrere: **ho vaig fer-ho*.

Col·locació i combinació

a) Formes reforçades

- S'utilitzen davant d'una forma verbal començada per consonant: *et menysprea.*
- S'empren en la combinació de dos pronoms febles quan van davant del verb: *ens l'estimem.*
- S'empren en combinacions darrere un altre pronom que acabi en *-s: aneu-vos-en.*

b) Formes elidides

- S'utilitzen davant de verbs o pronoms que comencen per vocal o *h* (*hi/ho*): *t'observo; no m'hi faig.*
- Si el pronom no té forma elidida, s'utilitza la reforçada: *ens escriu; els explica.*

c) Formes reduïdes

- S'utilitzen darrere de verb o de pronom feble acabats en vocal: *menja't un gelat; te'l trobaràs.*

d) Formes plenes

- Les escrivim darrere del verb quan aquest acaba en consonant o semivocal *-u: dient-vos; fixeu-vos.*

RECORDA

- Els pronoms se situen generalment davant el verb: *se l'estima; li ho deia sempre.*
- S'escriuen darrere quan es tracta d'imperatiu, gerundi i infinitiu: *digues-li-ho; fent-ho així.*
- Les formes perifràstiques admeten que els pronoms vagin davant o darrere: *ho vaig fer; vaig fer-ho.*

RECORDA

- Quan combinem dos pronoms, escrivim l'apòstrof tan a la dreta com sigui possible: **m'en aniré, *me'n aniré.* Correcte: *me n'aniré.*
- El pronom ***la***, pel que fa a l'apostrofació, es comporta com l'article. Per tant, no s'apostrofa la forma ***la hi***. Tampoc no s'apostrofa ***li ho*** en registres formals. En canvi, és admissible ***l'hi*** en altres registres.
- Darrere els verbs, els pronoms sempre van lligats per l'apòstrof o el guionet: *doneu-nos-en; fixa-t'hi.*
- El pronom **se** no s'apostrofa davant **us**: *se us veu el llautó.*
- Es recomana emprar la forma plena **se** davant dels verbs començats per **s**, **ce**, **ci**: *se celebra; se sap.*
- Darrere els verbs en imperatiu quan es combinen dos pronoms es mantenen les formes reduïdes **'ns**, **'ls**, en la resta s'utilitza la forma elidida: *mira'ns-ho, mira-t'hi.*

RECORDA

- En registres orals, els verbs que acaben en *-**er*** (àtona), admeten formes com:

  conèixer-lo → *coneixe'l*

  conèixer-nos → *coneixe'ns*

- Un cas similar s'esdevé amb l'imperatiu del verb *dir*:

  digues-me → *digue'm*

ACTIVITATS

1 Substitueix cada complement directe pel pronom feble corresponent. Fixa't en l'exemple.

		pronom al davant	pronom al darrere
a	Vaig comprar préssecs.	***En** vaig comprar.*	*Vaig comprar-**ne**.*
b	Mengeu pa.		
c	Va desar els apunts.		
d	No poden trobar el document.		
e	Renteu la roba.		
f	Vam beure unes cerveses.		
g	Va guanyar les eleccions.		

2 Substitueix el CD (complement directe) de les oracions següents per un pronom feble:

a Tothom volia tenir raó.

....

b Invitaré la Lluïsa a sopar.

....

c Preguntem-li què hi feia.

....

d Va obrir la porta amb gran energia.

....

e Estimava molt la seva àvia.

....

f Va escriure un correu a la professora.

....

g No volia dir allò a les filles.

....

h Deia la veritat a qui la volia sentir.

....

i Va sotmetre la proposta a l'assemblea.

....

j Havien de començar la cursa a les vuit.

....

k Trobeu-me menjar on sigui.

....

l Heu comprovat que són uns antipàtics.

....

m Vaig saludar les teves amigues.

....

n Explica els fets als pares.

....

o Deu diners a dos o tres amics.

....

p Guarda moltes joies a la caixa forta.

....

3 Substitueix els complements preposicionals de les oracions següents per pronoms febles:

a Exposaven el quadre al sol. → ....

b No parla mai de política. → ....

c Va renunciar a tenir un càrrec públic. → ....

d Afanyeu-vos a llegir l'obra de teatre. → ....

e Des de llavors es dedica a la política. → ....

f El nostre grup es va abstenir de votar. → ....

g No es recordava del projecte arquitectònic. → ....

h No confia en la decisió del jutge. → ....

i La Joana col·labora en la recollida d'aliments. → ....

4 **Substitueix els pronoms febles de les oracions següents pel complement o complements que hi vagin bé:**

- **a** Li han pres la cartera. → ....
- **b** L'estima molt. → ....
- **c** Renyeu-los sense escridassar-los. → ....
- **d** Els indica un carrer. → ....
- **e** S'hi dedicava. → ....
- **f** Hi penso tot sovint. → ....
- **g** No ens hi hem acostumat. → ....
- **h** Porteu-la-hi. → ....
- **i** Regaleu-los-la. → ....
- **j** Sorprèn-los. → ....
- **k** No els preocupa gens el futur. → ....

5 **Substitueix els sintagmes subratllats per pronoms febles i indica'n la funció sintàctica:**

- **a** S'adormia amb la finestra oberta. → .... / ....
- **b** Em porten els pollastres del poble. → .... / ....
- **c** L'Anna venia a l'escola amb molta pressa. → .... / ....
- **d** El lladregot es va escapar de la presó. → .... / ....
- **e** Envia les cartes per correu. → .... / ....
- **f** Si fem soroll, ens trauran del cinema. → .... / ....
- **g** Venia de Manresa. → .... / ....
- **h** El tren no vindrà gaire tard. → .... / ....
- **i** Diumenge passat la Maria va acabar el vestit. → .... / ....
- **j** L'Àngel parlava admirablement. → .... / ....
- **k** El teu germà treballa aquí. → .... / ....

6 **Fes el mateix que en l'activitat anterior:**

- **a** En Joan s'ha tornat insuportable. → .... / ....
- **b** Són uns advocats famosos. → .... / ....
- **c** Us sentíeu tranquil·les sota aquells arbres. → .... / ....
- **d** En Pere serà ric aviat. → .... / ....
- **e** En Xavier és bon noi. → .... / ....
- **f** Cantava bé. → .... / ....
- **g** El vaig veure envellit i trist. → .... / ....
- **h** La mare és metgessa de l'hospital comarcal. → .... / ....
- **i** Sempre està content. → .... / ....
- **j** No et tractaran amb delicadesa. → .... / ....
- **k** A l'hivern, a les vuit ja és de nit. → .... / ....
- **l** El camp era ple de gom a gom. → .... / ....

7 **Identifica els pronoms febles que apareixen en el text i indica la funció i l'antecedent a què fan referència.**

El senyor Drtina es tornava cada dia més antisocialista. Jo vaig fer-hi amistat i li anava comprant botons, fils, agulles i vetes mentre n'hi quedaven i sempre ho aprofitava per fer petar la xerrada tractant de convèncer el botiguer que el petit comerç estava històricament condemnat, tant si el règim era capitalista com si era socialista. Ell no ho veia des del meu angle, i és natural.

TERESA PÀMIES, *Gent del meu exili: inoblidables*

....

....

....

....

8 **Indica quin és l'element, anterior, posterior o implícit, que és substituït per cada un dels pronoms febles en negreta de les frases següents:**

a A la biblioteca de la plaça, **hi** vaig conèixer dos joves molt simpàtics.
b Vaig veure en Lluís un tros lluny, **el** vaig cridar per dir-**li** que no anava a casa seva, però no **li ho** vaig poder fer entendre.
c Buscava la cadira a l'habitació de la mare, però no **la hi** vaig trobar.
d Els teus cosins? No els **hi he** vistos, al cinema.
e Si trobes sal de la fina, porta-**me'n** dos paquets.
f Si tingués cotxe **et** portaria a casa i t'**hi** podries canviar.
g De conills, ja no **n'hi** queden, en aquest bosc.
h Aquest llibre de l'Anna, quan **l'hi** tornaràs?
i Poseu-**n'hi** més, de tall al plat.
j En Lluís **em** demanava pa, però jo no **li'n** podia donar.
k En aquell cinema feien una pel·lícula francesa; però no **la hi** vaig poder anar a veure.

9 **Substitueix els complements en negreta pels pronoms febles corresponents:**

Exemple: No begueu més **alcohol**. → *No en begueu més.*

a Escriviu **a la Maria**. → ....
b Va llegir contes **a les criatures**. → ....
c Renteu **els plats**. → ....
d Contribuïa **a la campanya**. → ....
e Anava **amb tu**. → ....
f El riu va **ple**. → ....
g El gat sembla **un conill**. → ....
h No humiliïs **la nena**. → ....
i No inflis **la roda**. → ....
j Tinc dos **fills**. → ....

10 **Substitueix els mots en negreta pels pronoms febles corresponents:**

a El pare clavava un **clau** a la paret. → ....
b Diumenge vam col·locar **els llibres**. → ....
c El mariner mirava **aquella mar tan blava**. → ....
d La Marieta collia **figues de coll de dama**. → ....
e Els nens escamparen **aquelles pedres** al jardí. → ....
f El professor va explicar **allò tan difícil**. → ....
g El jardiner feia un **ram de margarides**. → ....
h El cuiner coïa **mongetes tendres**. → ....
i En Guillem obria **la porta del despatx**. → ....

11 **Omple els espais buits amb els pronoms que calgui:**

a Van agafar .... tres, de taules.
b Porta .... a la cuina, això.
c Regala .... roses, als teus pares.
d Vam anar .... ahir, al teatre.
e Vull demanar .... demà, els permisos.
f .... van repartir ahir al matí, els llibres.
g .... arreglava molts, de cotxes.
h Sempre .... parlen, de tu.
i Oblida ...., del que t'he dit.
j Dona.......... a qui vulguis, les entrades.

12 **Fes el mateix que en l'activitat anterior:**

a Llegia molts llibres, però no .... sabia explicar mai l'argument.
b Demanava allò i, si no .... donaves, no .... sorties.
c Escrivia la data, però de la població sempre .... descuidava.
d Pensava el que havia de dir i com .... havia de dir.
e Mirava el quadre amb tristesa, no .... volia vendre.
f Recordeu .... que demà no hi seré.
g A la Maria, he de telefonar .... per dir .... que he aprovat. No .... creurà.
h Porta els caramels als nens i dona .... un a cada un.
i Participa .... ja veuràs com no .... penediràs.

13 **Substitueix els complements en negreta pels pronoms febles corresponents:**

Exemple: Posa **el llibre sobre la taula.** → *Posa-l'hi.*

a La Isabel va repartir **caramels a les seves amigues**. → ....
b Vam demanar **els horaris al conductor**. → ....
c Parlàvem de **l'excursió als veïns**. → ....
d Demana **les claus al manyà**. → ....
e Vaig parlar **de tu a la mare**. → ....
f Penja **la llonganissa al rebost**. → ....
g Deixo **les eines a aquells homes**. → ....
h El capità paga **el sou als mariners**. → ....
i Dona **això al noi**. → ....

14 Escriu al costat de cada frase la funció corresponent als elements en negreta:

S = Subjecte CC = Complement circumstancial
CD = Complement directe CRV: Complement de règim verbal
CI = Complement indirecte

- **a** Ja **li** ho direm. → ....
- **b** Les preguntes? —**Les** ha encertades totes. → ....
- **c** Els **ho** confirmarem al matí. → ....
- **d** Quan vindràs, **els** els tornaré. → ....
- **e** No **l'**hi vaig donar. → ....
- **f** Desaràs el llibre al calaix? —Abans de l'examen, l'**hi** desaré. → ....
- **g** Li deixaràs la brusa? —Demà la **hi** deixaré. → ....
- **h** **Hi** van accedir massa fàcilment. → ....
- **i** De trens, **en** surten cada quatre hores. → ....
- **j** Agafa tots els papers i porta'**ls**-els. → ....
- **k** Els **ho** confirmarem aviat. → ....
- **l** No **hi** van confiar mai. → ....
- **m** Em deixes diners. No te'n puc deixar perquè no **en** tinc. → ....
- **n** Obre-**la** quan arribis a casa. → ....

15 Torna a escriure les frases següents substituint els complements en negreta pels pronoms febles que correspongui:

- **a** No m'ha volgut donar **el permís**. → ....
- **b** La mare corda **les sabates als nens**. → ....
- **c** Després portarem més **cadires a la sala d'actes**. → ....
- **d** M'ha regalat **la seva bicicleta**. → ....
- **e** No vull dir **això al pare**. → ....
- **f** Fes arribar **el correu al seu destinatari**. → ....
- **g** Dona **el paquet al carter**. → ....
- **h** Parlarem **al nostre amic de la teva idea**. → ....
- **i** Deixarem **les joguines als nens**. → ....

16 Torna a escriure les frases següents substituint els elements en negreta per pronoms febles:

- **a** Donarem **les medalles al teu germà**. → ....
- **b** Traurem **la pols del calaix**. → ....
- **c** Compraren **les samarretes als teus veïns**. → ....
- **d** Pengeu-vos **les etiquetes**. → ....
- **e** Agafa **els fulls al teu company**. → ....
- **f** Tira'ns **la pilota**. → ....
- **g** Afegiu **les verdures a la cassola**. → ....

17 **Substitueix per pronoms febles tots els complements de les frases següents:**

a Només es dedica a la música. → ....
b Demà enviaré això a la mare. → ....
c No vull parlar amb tu d'aquesta qüestió. → ....
d Van deixar els llibres a la mestra. → ....
e Carreguen el carro a l'era. → ....
f La veïna ha estrenat un cotxe nou. → ....
g No us recordeu d'allò que us he dit? → ....
h Desitgem sort als companys de carrera. → ....

18 **Omple els buits amb els pronoms febles que calgui:**

a Quan els parleu de l'operació, parleu .... amb moderació.
b El doctor Poch arribà amb un posat exhaust que .... era habitual.
c Em van dir que els il·luminés la sala, però no sé si .... il·luminaré.
d L'Anna havia de venir a la secretaria, però no .... vaig trobar.
e Porteu les mans brutes, renteu .... al safareig.
f Havia de portar-los una carta a domicili, però en el moment de trametre .... van trucar a la porta.

19 **Encercla tots els pronoms febles que apareixen en el text i digues quin tipus de forma tenen (reforçada, elidida, reduïda o plena), quina funció sintàctica fan i quin és el seu antecedent.**

Li vaig agrair l'amabilitat amb les dents petant i cisellant les paraules. Em va preguntar si volia menjar alguna cosa, però el fred m'havia tret la gana. Li vaig demanar si em podia servir una copa de brandi per escalfar-me. Es va aixecar amb agilitat i elegància regalant-me la visió de la totalitat del seu cos alt i esvelt. Quina meravella de criatura! Va tornar al cap d'uns segons portant una copa i una ampolleta. La va obrir, va buidar-ne el contingut a la copa i me la va oferir. La vaig engolir de cop i li vaig demanar si me'n podia servir una altra. «És clar», va respondre. Just quan es girava per anar a buscar-la, li vaig preguntar si em regalava l'ampolleta buida. «T'agrada?», em va preguntar alegrement com si se sentís feliç de poder regalar alguna cosa. Vaig respondre que sí perquè semblava l'escultura d'una ampolla en miniatura.

—Doncs en tinc moltes més i de diferents formes. Te'n portaré una de cada, i plenes.

Va desaparèixer amb la seva deliciosa rialla i va tornar amb una bossa de plàstic on hi havia una dotzena d'ampolletes de colors i formes diferents.

....
....
....
....
....
....

20 **Indica les funcions dels sintagmes subratllats i substitueix-los pels pronoms febles adequats. Combina els dos pronoms resultants i escriu-los davant del verb i després, al darrere.**

a He comprat en una subhasta llibres per a vosaltres.

....

....

b Trametrem les actes del congrés als diputats.

....

....

c Cedirà la seva biblioteca als estudiants del barri.

....

....

d Voldràs fer un favor a les teves germanes?

....

....

21 **Fes el mateix en les frases següents:**

a Llegia el poema als qui s'hi interessaven.

....

....

b No farà el discurs a aquestes persones.

....

....

c Comprarem cent capses de galetes al fabricant.

....

....

d Donaré els ous més frescos als nens.

....

....

22 **En aquesta recepta no hi ha cap pronom feble. Omple els buits amb els pronoms febles que calgui:**

Croquetes de peix a l'holandesa

En un bol, xopeu el pa amb la llet tèbia i tingueu .... durant deu minuts. Després .... escorreu, ... trinxeu amb una forquilla i .... barregeu amb el peix, que haureu picat ben finament. A part, treballeu uns cinquanta grams de mantega fins que es torni suau i cremosa i afegiu .... al pa i al peix. Condimenteu .... amb la sal, el pebre, la nou moscada i el julivert picat. Agregueu .... l'ou i, així que tingueu una pasta homogènia, formeu boletes d'uns dos centímetres i mig de diàmetre, les quals daurareu en la resta de la mantega. Col·loqueu .... en una plata prèviament escalfada i ja .... podeu servir.

Unitat 18: El verb

Definició

Categoria gramatical que és el nucli del sintagma verbal i que expressa l'acció que fa el subjecte o bé la seva existència o estat.

Sintaxi

- El verb fa de nucli del SV que és el constituent fonamental de l'oració.
- El SV fa la funció del predicat de l'oració.
- El SV presenta la següent estructura:

SV → (especificadors) + V + (complements)

- Com a especificadors verbals poden funcionar alguns adverbis o locucions adverbials: *també*, *amb prou feines*, etc. Els complements verbals poden ser: CD, CRV, CI, CPred, atribut, CC i CAgent.
- L'estructura argumental del verb determina els complements verbals que exigeix el verb.

Donar → CD, CI
Adonar-se → CRV
Estar → atribut
Tornar-se → CPred

Estructura

LEXEMA o RADICAL+ DESINÈNCIES VERBALS

LEXEMA o RADICAL	DESINÈNCIES VERBALS	
↓	↓	
contingut lèxic	morfologia verbal →	• nombre (singular, plural)
cant	*-aria*	• persona (1a, 2a i 3a)
dorm	*-en*	• temps (present, passat, futur)
...	...	• mode (indicatiu, subjuntiu, imperatiu)
		• aspecte (perfectiu, imperfectiu)
		• veu (activa, passiva)

Les conjugacions verbals

1a conjugació	**-ar** (vocal temàtica *a*)	cantar, saltar
2a conjugació*	**-er/-re** (vocal temàtica *e*)	témer, perdre
3a conjugació	**-ir** (vocal temàtica *i*)	dormir, servir (conjugació incoativa)

*Els verbs *dir* i *dur* s'inclouen en la 2a conjugació.

- **Temps**: simples, compostos i perifràstics.
  — **Temps simples**: lexema + morfemes verbals: *cant-a-ré*.
  — **Temps compostos**: verb *haver* (auxiliar) + participi: *hauré cantat*.
  — **Temps perifràstics**: verb *anar* (auxiliar) + infinitiu: *vaig cantar*.

Les formes no personals

No presenten morfemes de persona, temps i mode.

- Gerundi: morfemes d'aspecte: imperfectiu.
- Participi: morfemes d'aspecte: perfectiu. Pot portar gènere i nombre: *traduïdes*.

infinitiu	acció per fer	estudiar
gerundi	acció en desenvolupament	estudiant
participi	acció acabada	estudiat, estudiada, estudiats, estudiades

Presenten un caràcter dual:

- Infinitiu: verb/nom: *El dinar és a la una.*
- Gerundi: verb/adverbi: *Treballa cantant.*
- Participi: verb/adjectiu: *mercat obert.*

infinitiu compost	haver estudiat
gerundi compost	havent estudiat

RECORDA

- En textos formals, la construcció ***al*** + **infinitiu** s'ha d'evitar i substituir-la per *en* + infinitiu.
- El **gerundi** només indica una acció anterior o simultània: *Travessant el carrer, vaig topar amb ella.* És incorrecte l'ús de l'anomenat «gerundi de posterioritat»: **Va aprovar l'última assignatura que li quedava, obtenint el títol de Filologia.* Correcte: *Va aprovar l'última assignatura que li quedava, i va obtenir el títol de Filologia.*

Els temps verbals

indicatiu				
present			**perfet**	
canto (cante, cant)	perdo (perd)	dormo (dorm)	he	cantat / perdut / dormit
cantes	perds	dorms	has	cantat / perdut / dormit
canta	perd	dorm	ha	cantat / perdut / dormit
cantem (cantam)	perdem	dormim	hem	cantat / perdut / dormit
canteu (cantau)	perdeu	dormiu	heu	cantat / perdut / dormit
canten	perden	dormen	han	cantat / perdut / dormit
imperfet			**plusquamperfet**	
cantava	perdia	dormia	havia	cantat / perdut / dormit
cantaves	perdies	dormies	havies	cantat / perdut / dormit
cantava	perdia	dormia	havia	cantat / perdut / dormit
cantàvem	perdem	dormíem	havíem	cantat / perdut / dormit
cantàveu	perdeu	dormíeu	havíeu	cantat / perdut / dormit
cantaven	perden	dormien	havien	cantat / perdut / dormit
passat simple			**passat anterior**	
cantí	perdí	dormí	haguí	cantat / perdut / dormit
cantares	perderes	dormires	hagueres	cantat / perdut / dormit
cantà	perdé	dormí	hagué	cantat / perdut / dormit
cantàrem	perdérem	dormírem	haguérem	cantat / perdut / dormit
cantàreu	perdéreu	dormíreu	haguéreu	cantat / perdut / dormit
cantaren	perderen	dormiren	hagueren	cantat / perdut / dormit

El verb

passat perifràstic			passat anterior perifràstic	
vaig	cantar / perdre / dormir		vaig haver	cantat / perdut / dormit
vas (vares)	cantar / perdre / dormir		vas haver	cantat / perdut / dormit
vas	cantar / perdre / dormir		vas haver	cantat / perdut / dormit
vam (vàrem)	cantar / perdre / dormir		vam haver	cantat / perdut / dormit
vau (vàreu)	cantar / perdre / dormir		vau haver	cantat / perdut / dormit
van (varen)	cantar / perdre / dormir		van haver	cantat / perdut / dormit
futur			**futur perfet**	
cantaré	perdré	dormiré	hauré	cantat / perdut / dormit
cantaràs	perdràs	dormiràs	hauràs	cantat / perdut / dormit
cantarà	perdrà	dormirà	hauràs	cantat / perdut / dormit
cantarem	perdrem	dormirem	haurem	cantat / perdut / dormit
cantareu	perdreu	dormireu	haureu	cantat / perdut / dormit
cantaran	perdran	dormiran	hauran	cantat / perdut / dormit
condicional			**condicional perfet**	
cantaria	perdria	dormiria	hauria (haguera)	cantat / perdut / dormit
cantaries	perdries	dormiries	hauries (hagueres)	cantat / perdut / dormit
cantaria	perdria	dormiria	hauria (haguera)	cantat / perdut / dormit
cantaríem	perdríem	dormiríem	hauríem (haguérem)	cantat / perdut / dormit
cantaríeu	perdríeu	dormiríeu	hauríeu (haguéreu)	cantat / perdut / dormit
cantarien	perdrien	dormirien	haurien (hagueren)	cantat / perdut / dormit

subjuntiu				
present			**perfet**	
canti	perdi	dormi	hagi	cantat / perdut / dormit
cantis	perdis	dormis	hagis	cantat / perdut / dormit
canti	perdi	dormi	hagi	cantat / perdut / dormit
cantem	perdem	dormim	hàgim	cantat / perdut / dormit
canteu	perdeu	dormiu	hàgiu	cantat / perdut / dormit
cantin	perdin	dormin	hagin	cantat / perdut / dormit
imperfet			**plusquamperfet**	
cantés	perdés	dormís	hagués	cantat / perdut / dormit
cantessis	perdessis	dormissis	haguessis	cantat / perdut / dormit
cantés	perdés	dormís	hagués	cantat / perdut / dormit
cantéssim	perdéssim	dormíssim	haguéssim	cantat / perdut / dormit
cantéssiu	perdéssiu	dormíssiu	haguéssiu	cantat / perdut / dormit
cantessin	perdessin	dormissin	haguessin	cantat / perdut / dormit

imperatiu		
——	——	——
canta	perd	dorm
canti	perdi	dormi
cantem	perdem	dormim
canteu	perdeu	dormiu
cantin	perdin	dormin

Verbs incoatius

Presenten l'increment ***-eix-/-ix*** en algunes persones del present d'indicatiu, del present de subjuntiu i de l'imperatiu.

	present d'indicatiu	**present de subjuntiu**	**imperatiu**
1ps	serveixo	serveixi	—
2ps	serveixes	serveixis	serveixi
3ps	serveix	serveixi	serveixin
3pp	serveixen	serveixin	

Els verbs incoactius també presenten les formes:

- present: *patixo, pastisc, pateixi, patix, patixen*
- present de subjuntiu: *patisca, patisques, patisca, patisquem, patisqueu, patisquen*
- imperatiu: *patix, patisca, patiguem, patisquen*

RECORDA

- Segueixen la forma pura: *collir, escollir, munyir, fugir, escopir.*
- El verb *sentir* i els seus derivats es conjuguen seguint la forma pura, excepte *assentir* i *dissentir.*
- *Lluir* té dos significats. La forma pura indica 'desprendre llum': *Els astres lluen.* La forma incoativa té un sentit figurat: *Llueix un vestit de disseny.*

Classificació dels verbs

Segons les característiques semàntiques i sintàctiques del verb
Predicatius. Posseeixen un contingut semàntic ple i constitueixen el nucli del predicat: *Només penso en tu. Nedo a l'estiu.*
Són subgrups dels predicatius: • **Transitius**. Exigeixen un CD, que completa semànticament i estructuralment el verb: *Sempre dic la veritat.* • **Intransitius**. No admeten un CD, tot i que poden exigir un complement de règim verbal: *Cada matí corro per agafar el tren.* • **Inacusatius**. Se situen entre els transitius i els intransitius. El subjecte presenta unes característiques similars al CD, és a dir, ocupa una posició postnominal i admet, en alguns casos, la possibilitat de la pronominalització: *Arriben ciclistes a la meta. / N'arriben. S'ha trencat un gerro. / Se n'ha trencat un.*
Atributius. Tenen un contingut semàntic buit i fan d'enllaç entre el subjecte i l'atribut. En català són verbs atributius: *ser, estar, semblar* i *parèixer. Aquesta noia sembla llesta.*
Pseudoatributius. Verbs que tenen un comportament similar als copulatius amb un complement + predicatiu obligatori. *S'ha tornat boig. L'aigua baixa bruta.*
Segons la relació entre el subjecte i el verb
Personals. Estableixen concordança de nombre i persona amb el subjecte gramatical. **Impersonals**. No exigeixen la presència d'un subjecte. Entre aquests grups de verbs hi ha els verbs meteorològics: *ploure, nevar, tronar...*, el verb *haver-hi*, etc.
Segons el seu valor gramatical
Auxiliars. S'uneixen a una forma no personal i formen els temps compostos i les formes perifràstiques (*anar, ser, haver*): *He vist. Vaig a estudiar a la biblioteca.* **Lèxics**. Constitueixen el nucli lèxic de la forma verbal: *estudiaré, havia dormit.*
Segons la morfologia verbal
Regulars. Segueixen els models de les tres conjugacions: *cantar, témer, dormir/servir...* **Irregulars**. S'aparten del paradigma verbal seguit per les conjugacions: *conèixer, saber, fer...* **Defectius**. No es conjuguen en tots els temps o formes verbals: *caldre, haver-hi...*

Les perífrasis verbals

Definició

Són unitats formades per dos elements: un verb en forma personal i un infinitiu, gerundi o participi.

Classificació

Es poden classificar segons:

a) la forma verbal no personal utilitzada: infinitiu, gerundi o participi

b) segons el significat: aspectuals i modals

Aspectuals

Informen sobre l'estat o el desenvolupament de l'acció verbal.

Modals

Manifesten l'actitud del parlant davant l'acció verbal.

Taula resum de les perífrasis verbals

perífrasis d'infinitiu	modal	d'obligació	haver + de + inf.: *He de sortir.* caldre + inf.: *Cal examinar-se.*
		de probabilitat	deure + inf.: *Deuen ser els teus pares.*
		de possibilitat	poder + inf.: *Podem demanar una reunió urgent.*
		d'intencionalitat	voler+ inf.: *Volen aclarir l'assumpte.*
	aspectual	d'imminència	anar + a + inf.: *Anàvem a pujar.* estar a punt de + inf.: *L'aigua està a punt de sortir.* començar + a + inf.: *Començava a ploure.*
		de reiteració	tornar + a + inf.: *Tornarem a fer-ho.*
		incoativa	arrencar + a + inf.: *En veure el ratolí, arrencà a córrer.* posar-se + a + inf.: *Quan li vaig dir que m'agradava, es va posar a riure.*
		culminativa ponderativa	acabar + de + inf.: *Just ara acaba d'arribar.* arribar + a + inf.: *Que n'arriba a ser, de tossut!*

perífrasis de participi	aspectual	resultativa	tenir + participi: *Ja tenim decidit on anirem de viatge de final de curs.* quedar + participi: *Vam quedar angoixats.* estar + participi: *El problema està solucionat.* deixar + participi: *La teva interpretació em deixa parat.*

perífrasis de gerundi	aspectual	de durada	estar + gerundi: *Estan estudiant.* anar + gerundi: *Van fent.*

RECORDA

- La perífrasi d'obligació *tenir que* és incorrecta. S'ha de substituir per *haver de* + infinitiu, *cal que* + subordinada, *cal* + infinitiu. Exemples: *He de sortir. Cal que surtin. Cal sortir.*
- Per indicar la probabilitat s'utilitza la perífrasi *deure* + infinitiu. No s'ha d'emprar el futur en aquest sentit. Exemple: *Ja els sento, deuen ser a prop.* I no: **Ja els sento, seran a prop.*

Irregularitats verbals

Les irregularitats verbals poden ser ortogràfiques/fonètiques o lexemàtiques.

Irregularitats ortogràfiques o fonètiques

- ***Treure***, ***jeure***, ***néixer***, ***péixer***, ***fer*** i ***saber***: el lexema àton s'escriu amb ***a***: *naixem*, *jaieu*, etc.
- ***Collir***, ***cosir***, ***tossir***, ***sortir***, ***escopir*** i derivats. ***Poder*** i ***voler***: el lexema àton s'escriu amb ***o***: *sortim*, *volen*, *tossia*. Excepte les formes *vulguem*/*vulgueu* i *puguem*/*pugueu*.
- Alguns verbs de la 2a i 3a conjugacions amb el lexema acabat en ***-s***, ***-x***, ***-c***, ***-g*** incorporen una ***e*** (eufònica) en la 2a persona del singular: *cuses*, *fuges*, *neixes*. També apareix una ***e*** eufònica en les formes *corre*, *omple*, *vine* i *obre*.

Irregularitats lexemàtiques

- Lexema eufònic
- Lexema velaritzat
- Lexema acabat en diftong

Lexema eufònic

Identificació: infinitiu acabat en ***-ldre***, ***-ndre***, i verbs *tenir*, *venir*.

- Irregularitats: infinitiu, futur i condicional.

Classes de lexema

lexema pur	lexema eufònic	
aten -ia	atend -ré	atendr -ia
aten -ies	atend -ràs	atendr -ies

Lexema velaritzat

Identificació: 1a persona del present d'indicatiu acabat en ***c*** (velar).

- Irregularitats: el so velar es manté en el passat simple, el present de subjuntiu, l'imperfet de subjuntiu i l'imperatiu (1a persona plural i 3a persona plural i singular).

present ind.		**passat simple**	**present subj.**	**imperfet subj.**	**imperatiu**
cone**c**	→	cone**g**uí	cone**g**ui	cone**g**ués	—
coneixes		cone**g**ueres	cone**g**uis	cone**g**uessis	coneix
coneix		cone**g**ué	cone**g**ui	cone**g**ués	cone**g**ui
coneixem		cone**g**uérem	cone**g**uem	cone**g**uéssim	cone**g**uem
coneixeu		cone**g**uéreu	cone**g**ueu	cone**g**uéssiu	coneixeu
coneixen		cone**g**ueren	cone**g**uin	cone**g**uessin	cone**g**ui

Lexema acabat en diftong

Identificació: lexema acabat en diftong (*moure, riure, beure*, etc.).

- Irregularitats:
  - — caiguda de ***u*** i aparició de ***-i-*** antihiàtica: imperfet (amb desplaçament de l'accent), gerundi i algunes formes del present (*seia, seient*)
  - — caiguda de ***u***: imperfet d'indicatiu, gerundi i algunes formes del present d'indicatiu i imperatiu (*cloïa, cloent*)
  - — canvi ***u-v***: imperfet d'indicatiu, gerundi i algunes formes del present d'indicatiu i imperatiu (*moure, movia, movent*)

Classes de lexema

lexema pur	lexema labiodental	lexema i antihiàtica	lexema Ø
clou-ré			clo-em
seu-ria		se-ia	
mou-ríem	mov-ia		

Irregularitats en les conjugacions

RECORDA

Cal posar **dièresi** en les desinències ***ï, ïs, ïn*** del **present de subjuntiu** dels verbs acabats en **vocal** + ***ar***: *actuï, continuïs, situïn.*

1a conjugació

Conjugació regular, excepte *anar* i *estar*.

2a conjugació

Irregularitats ortogràfiques:

- *jeure, treure, néixer, péixer, fer* i *saber.*

Els verbs ***jeure***, ***treure*** i ***néixer***: s'escriuen amb ***e*** les formes en què la vocal del lexema és tònica i amb ***a*** les formes en què aquesta vocal és àtona. Fixa-t'hi:

- *tr**e**c, tr**e**us, tr**e**u, tr**a**iem, tr**a**ieu, tr**e**uen*
- *n**a**ixia, n**a**ixies, n**a**ixia, n**a**ixíem, n**a**ixíeu, n**a**ixien*
- *n**e**ixo, n**e**ixes, n**e**ix*, etc.

Irregularitats eufòniques en la terminació:

- *torces, neixes, fuges, cuses*, etc.
- *corre, vine, obre* i *omple* (i derivats).

Irregularitats lexemàtiques

- **1r grup**
  - — ***-èixer***: *conèixer, parèixer, comparèixer...*
  - — lexema velaritzat: *conegui, comparegués...*
  - — lexema pur: *coneixia, coneixent, coneix...*
- **2n grup**
  - — ***-ndre***, ***-ldre***, ***-ler***: *atendre, desprendre, moldre, resoldre, valer, voler...*
  - — lexema velaritzat: *atengui, atengués, atengueu...*
  - — lexema eufònic: *atendré, moldria...*
  - — lexema pur: *atenia, molia, resolent...*

Els verbs ***poder*** i ***voler***: escrivim amb ***u*** la 1a persona del present d'indicatiu, el present de subjuntiu sencer i tot l'imperatiu. Per exemple:

- *p**u**c, p**o**ts, p**o**t, p**o**dem, p**o**deu, p**o**den*
- *p**u**gui, p**u**guis, p**u**gui, p**u**guem, p**u**gueu, p**u**guin*
- *v**u**lgues, v**u**lgui, v**u**lgui, v**u**lguem, v**u**lgueu, v**u**lguin*

Però *p**o**dria, p**o**dries, p**o**dríem, p**o**dríeu*, etc.

- **3r grup**
  - — *riure, moure, creure, beure, coure...*
  - — lexema velaritzat: *cregui, beguem...*
  - — lexema pur: ***v*** → *bevia, bevem*
i → *seia, sèiem*
Ø → *cloem, cloïa, cloeu*

RECORDA

- La primera persona de *voler* és *vull*. Tot i així es conjuga amb lexema velaritzat.
- *Poder* i *dur* presenten lexema velaritzat.

3a conjugació

Irregularitats ortogràfiques:

- *tenir* i *venir* (formes secundàries *tindre/vindre*): lexema eufònic, velaritzat i pur: *tindré, tingués, tenia.*
- *cosir, sortir, tossir, collir* i *escopir* (i derivats).

Els verbs ***cosir***, ***sortir***, ***tossir***, ***collir*** i ***escopir***: quan la vocal del lexema és tònica, l'escrivim amb ***u***, i quan és àtona amb ***o***. Fixa-t'hi:

- *s**u**rto, s**u**rts, s**u**rt, s**o**rtim, s**o**rtiu, s**u**rten*
- *c**o**llia, c**o**llies, c**o**llia, c**o**lliem ,c**o**llíeu ,c**o**llien*

I *c**u**ll, t**u**s, esc**u**p*, però *t**o**ssireu, c**o**siran, c**o**llint*, etc.

RECORDA

- Es conjuguen amb la forma pura: *sentir, collir, bullir, fugir, munyir* i derivats. Excepte *assentir* i *dissentir* que són incoatius.
- Els verbs acabats en vocal + ***ir*** porten dièresi en algunes formes del present d'indicatiu o subjuntiu (*reduïm*), passat simple (*reduïren*), imperfet (*reduïa*) i imperfet de subjuntiu (*reduïssis*).

Correlacions verbals

- Les correlacions de les oracions condicionals admeten:

  Si ***estudiaves*** (imperfet indicatiu), ***aprovaries*** (condicional indicatiu).

  Si ***haguessis*** *estudiat,* ***hauries*** *aprovat. / Si* ***estudiessis***, ***aprovaries****.*

- En canvi no són possibles les correlacions només amb plusquamperfet de subjuntiu:

  Si* ***haguessis* *volgut, ho* ***haguessis*** *trobat.*

  Encara que* ***hagués* *pogut, no l'****hagués*** *saludat.*

- Les oracions temporals introduïdes per ***quan*** i les oracions de relatiu substantives poden utilitzar el futur (fet probable) o el present de subjuntiu (fet hipotètic).

  Quan et vegi, t'ho explicaré. / Quan et veuré, t'ho explicaré.

  Els qui aprovin, aniran de viatge a París. / Els qui aprovaran, aniran de viatge a París.

Usos de *ser* i *estar*

localitzacions	ser	objectes/territoris: *Es Canar és a Eivissa.*
	ser	persona (presència eventual): *Demà seré a Maó.*
	estar	persona (permanència): *Estaré tot l'any a Berlín.*
qualitats	ser	objectes: *La casa és vella.*
	estar	persona (qualitats transitòries): *Està molt trist.*
	ser	persona (qualitats duradores): *La mare és gran.*
locucions adverbials i preposicionals	estar	*Estic a favor de la vaga.* *El pis està en venda.*

RECORDA

- *Estar* i *estar-se* són sinònims de *residir, romandre, treballar.*
- En alguns casos, la llengua admet la dualitat *ser/estar*: *El pal és tort. / El pal està tort.*
- *Estar* implica idea de canvi: *Està solter. / És solter. Està cec. / És cec. Està pesat. / És pesat.*

RECORDA

- El **futur** pot utilitzar-se en construccions en què també pot aparèixer el present de subjuntiu.

  El que facis/faràs no ens interessa.

  Quan arribi/arribarà ens ho explicarà.
- Per expressar probabilitat no podem utilitzar el futur:

  **Seran les 10 h.* (incorrecte)

  Deuen ser les 10 h. (correcte)

ACTIVITATS

1 Digues el temps (present, passat o futur) i l'aspecte (perfectiu o imperfectiu) dels verbs de les oracions següents:

a Farà bondat. → ....

b Vaig comprar dos ànecs per Nadal. → ....

c Sortia amb un noi de Barcelona. → ....

d Sortiràs a les vuit. → ....

e Havia portat tot el que li demanàrem. → ....

f Tinc una molt bona impressió d'ell. → ....

g Cantaren la mateixa cançó dues vegades. → ....

h Ai, si vinguéssiu! → ....

i He treballat de valent. → ....

2 Completa els paradigmes següents:

present de subjuntiu			
	canviar	perdre	deduir
jo		perdi	
tu			
ell/ella			dedueixi
nosaltres			
vosaltres	canvieu		
ells/elles			

present de subjuntiu			
	saltar	servir	córrer
jo			
tu			
ell/ella			
nosaltres			
vosaltres			
ells/elles			

3 Conjuga l'imperfet d'indicatiu dels verbs següents:

agrair	conduir
....	....
....	....
....	....
....	....
....	....
....	....

4 Converteix les oracions següents en imperatives afirmatives:

a No em doneu la clau. → ....
b No encengueu el foc. → ....
c No us begueu l'aigua. → ....
d No dugueu barret. → ....
e No us ho cregueu. → ....
f No us asseguem aquí. → ....
g No vingueu d'hora. → ....
h No digueu el secret. → ....

5 Escriu el condicional simple i el condicional compost dels verbs següents:

penedir-se	anar-se'n
....	....
....	....
....	....
....	....
....	....
....	....

6 **Escriu una frase amb cada un dels verbs següents que sigui una perífrasi d'infinitiu. Fixa't en l'exemple.**

Exemple: temporalitat (acabar) → *Si no t'espaviles, no acabaràs d'arribar-hi mai.*

a reiteració (escriure) → ....

b obligació (caldre) → ....

c possibilitat (sol·licitar) → ....

d imminència (pujar) → ....

e probabilitat (deure) → ....

7 **Escriu l'imperfet d'indicatiu dels verbs següents:**

interessar-se	reduir	aparèixer	partir
....	....	....	....
....	....	....	....
....	....	....	....
....	....	....	....
....	....	....	....
....	....	....	....

8 **Escriu el passat simple d'indicatiu dels verbs següents:**

portar	perdre	escriure	saber
....	....	....	....
....	....	....	....
....	....	....	....
....	....	....	....
....	....	....	....
....	....	....	....

9 **Escriu en imperatiu els infinitius que encapçalen els enunciats següents:**

a Comptar amb l'atenció personal d'un gestor especialitzat en la petita i mitjana empresa.

....

b Gaudir de l'ajut financer necessari perquè els vostres projectes mai no es trobin frenats.

....

c Ser el primer a saber quins ajuts i beques concedeix la Fundació "El Mussol".

....

d Tenir assegurats els recursos necessaris per fer front, en les millors condicions, a la morositat de les institucions públiques.

....

10 **Fes el mateix que en l'activitat anterior:**

a Ser el centre d'atenció dels vostres amics i companys.

....

b Disposar per endavant de tota la informació necessària per invertir en borsa amb garanties d'èxit.

....

c Escoltar amb atenció a classe i callar mentre s'explica.

....

d Fer les maletes a la tarda per anar a dormir aviat i sortir demà a primera hora.

....

e Deixar la roba a l'armari.

....

f Mirar les instruccions de la impressora.

....

11 **Identifica la funció dels diferents complements del verb de les oracions següents:**

a Van acostumar el seu fill a caminar cada diumenge. → ....

b El prior va encarregar el manuscrit al frare més humil. → ....

c Han pagat totes les accions al comptat. → ....

d No confiaven en la seva germana. → ....

e Va convertir l'aigua en un beuratge imbevible. → ....

f El resultat no afecta les negociacions establertes. → ....

12 **Identifica la funció dels diferents complements del verb de les oracions següents:**

a Van perdre el seu fill a la fira. → ....

b Encara creu en els Reis? → ....

c I com afecta aquesta decisió els nostres compromisos? → ....

d Li volien regalar un llibre per Sant Jordi. → ....

e Queixeu-vos d'això al vostre tutor. → ....

f Estava contenta. → ....

13 **Omple els buits dels exemples següents amb la forma adient del verb que hi ha entre parèntesis:**

a La cuinera estava (batre) .... un ou.

b Els ha reclamat el director i han (comparèixer) .... ràpidament al seu despatx.

c Per fer el suc ha (esprémer) .... tres o quatre taronges.

d Amb els teus crits estàs (interrompre) .... la nostra actuació.

e Nosaltres dos (concórrer) .... al premi per separat.

f A classe de llengua (debatre) .... sovint sobre els usos lingüístics.

g Si nosaltres (admetre) .... la vostra proposta, ja podríem tancar la barraca.

14 Completa les sèries següents:

	infinitiu	present d'indicatiu 1a persona singular	present de subjuntiu 1a persona singular	gerundi	participi
a	cabre				
b	conèixer				
c	saber				
d	oferir				
e	veure				
f	merèixer				
g	moure				
h	viure				
i	treure				

15 Completa les sèries següents:

a	cantava	cantar	canten	cantaran	cantéssiu
b	abatia				
c	concloïa				
d	adscrivia				
e	admetia				
f	confonia				
g	corrompia				
h	concebia				
i	assentia				
j	concorria				

16 Omple els buits amb la forma que calgui del verb entre parèntesis:

a Voldria que tu mateix m'ho .... (donar).
b Jo .... (viure) ara en aquest poble.
c Ara no el .... (conèixer) (jo).
d Quan tu .... (haver) acabat, m'avises.
e No ho .... (fer) (vostès) mai més.

17 Omple els buits amb la forma que calgui del verb entre parèntesis:

a No els ho .... (donar) (tu), encara que ho vulguin.
b Si .... (saber) (nosaltres) el que volien, ho prepararíem.
c Volen que hi .... (anar) (tu) de seguida.
d Esperem que tots els nois hi .... (cabre) bé.
e Vull que .... (saber) tota la veritat.
f Encara que m'hi esforci, avui no .... (cabre) al tren.

18 Escriu el participi i el gerundi dels verbs següents:

a oferir ....
b moldre ....
c resoldre ....
d merèixer ....
e cloure ....
f néixer ....
g obrir ....
h dur ....
i prendre ....
j coure ....
k empènyer ....

19 Escriu la segona persona del singular i del plural del present de subjuntiu i de l'imperfet de subjuntiu d'aquests verbs:

a tenir ....
b ser ....
c venir ....
d detenir ....
e saber ....
f abstenir-se ....
g estar ....
h suplir ....
i voler ....
j estrènyer ....
k caber ....

20 Escriu totes les formes de l'imperatiu dels verbs següents:

Exemple: escriure → *escriu, escrigui, escriguem, escriviu, escriguin*

a estar → ....
b treure → ....
c conèixer → ....
d venir → ....
e beure → ....
f dir → ....
g dur → ....
h voler → ....
i tenir → ....
j encendre → ....
k fer → ....

21 **Completa les frases amb la forma que calgui del verb entre parèntesis:**

- **a** Et deia que no .... (moure's) d'aquí (tu).
- **b** Em demana que li ho .... (dir) (jo) de seguida.
- **c** Volien que .... (dur) (nosaltres) el paquet a l'estació.
- **d** El professor exigia que .... (aprendre) (nosaltres) la lliçó a la classe mateix.
- **e** No convé que en Joan ens .... (reconèixer).
- **f** Ningú no desitjava que la institució .... (desaparèixer) d'aquella manera.
- **g** Només demanàvem que tu ho .... (saber) bé.
- **h** Tindria els mateixos drets encara que .... (néixer) (ell) a l'estranger.

22 **Omple els buits amb la forma adequada del verb entre parèntesis:**

- **a** Avui la Carme .... (tossir) molt.
- **b** Diu que demà .... (aprendre) totes les respostes de memòria.
- **c** Ara no .... (entendre) què vols dir; a veure, què vols que .... (fer) (jo)?
- **d** Quan .... (viure) fora de Barcelona, estarem molt més tranquils.
- **e** L'Ona m'ha dit que et .... (donar) això.
- **f** Si tu no els .... (conèixer) tant, no ens ho creuríem.
- **g** No ens ha .... (cabre) tot el que volíem portar.

23 **Converteix les oracions següents en negatives, anteposant-hi un *no* i canviant-hi la col·locació dels pronoms. (S'ha de mantenir la mateixa persona de la flexió verbal.)**

Exemple: Aneu-hi ara mateix. → ***No hi*** *aneu ara mateix.*

- **a** Beveu-vos-la. → ....
- **b** Obri'ns-la. → ....
- **c** Llegiu-nos-ho. → ....
- **d** Escriu-la-hi. → ....
- **e** Adona-te'n. → ....
- **f** Inaugurin-nos-la. → ....
- **g** Oposeu-vos-hi. → ....
- **h** Indica'ls-la. → ....

24 **Identifica les formes verbals personals del text següent:**

> Xamuel i Fra Arnau se'ls escoltaren amb una atenció només pretesa, perquè de seguida s'havien adonat que la dubtosa sapiència dels tres estudiosos no els ajudaria gens. Aquells tèrbols raonaments tenien més semblança amb les divagacions doctrinals del dominic Sescone que no pas amb la realitat que l'assassí volia que descobrissin.
>
> Josep-Lluís González, *L'àngel de les tenebres*

....

....

Unitat 19: La preposició

Definició

Categoria gramatical invariable de mots que generalment subordinen un SN o un infinitiu a un altre element.

Classificació

preposicions

- **simples**
  - àtones: a, en, amb, de, per
  - tòniques: cap, contra, devers, entre, envers, fins, malgrat, segons, sense, ultra, vers
- **compostes**: cap a, com a, des de, fins a, per a...
- **locucions prepositives**: a causa de, a favor de, a fi de, al costat de, arran de, en comptes de, per mitjà de...

RECORDA

Poden funcionar com a **nucli del SPrep**:

- Noms i pronoms personals o possessius: *a prop seu.*
- Precedint oracions subordinades introduïdes per *que: No passeu sense que us ho demanin.*
- Excepcionalment, sintagmes adjectivals que funcionen com a predicatius: *Es van presentar com a salvadors.*
- Els sintagmes preposicionals poden incorporar especificadors: *Visc ben a prop vostre.*

Sintaxi

La preposició s'anteposa al nucli i constitueix una unitat sintàctica.

Funcions sintàctiques

- Complement indirecte: *Va enviar els papers al secretari.*
- Complement de règim verbal: *No vol renunciar als seus privilegis.*
- Atribut: *L'Agnès és de Cardona.*
- Predicatiu: *Va trobar la Clàudia de mala lluna.*
- Complement del nom: *Pomada per als grans.*

RECORDA

- ***Baix*** només pot ser un adjectiu o un adverbi: *Un home baix. Viu a baix.*
- ***Sota*** és una preposició oposada a *damunt* o *sobre*: *Posa-ho sota la taula.*
- Per tant, l'expressió correcta és *sis sota zero* i no **sis baix zero.*

- Complement adjectival: *Estic boig per tu.*
- Complement circumstancial:

  Treballa a Tortosa. (CCL)
  Escriu amb ploma. (CC instrumental)
  Passejant amb la Neus. (CC companyia)
  Ho fa per tu. (CC causa)
  Estalvia per a les vacances. (CC finalitat)

Funcions preposicionals

a

- Complement indirecte: *Porta la carpeta a la Roser.*
- Complement de règim verbal: *Es dedica a la bona vida.*
- Complement circumstancial de manera: *Compra oli a granel.*
- Complement circumstancial de temps: *Ens trobarem a la nit.*
- Complement circumstancial de lloc: *Vaig de vacances a Cadaqués.*

amb

- Complement de règim verbal: *Compto amb vosaltres.*
- Complement circumstancial de manera: *S'entrena amb força.*
- Complement circumstancial d'instrument/companyia: *Escriu amb ploma. Viatjo amb tren.*

de

- Complement del nom: *porta de fusta, llibre de l'oncle.*
- Complement adjectival: *pendent del resultat.*
- Complement circumstancial de lloc: *Torno de Llançà.*
- Altres complements circumstancials: *Viu de renda.*

RECORDA

Fem servir la preposició ***de*** en:

- Construccions dislocades: la forma *de* apareix abans que el pronom feble *en*: *De més verdes en maduren. De diners, en té a dojo.*
- Oracions subordinades de subjecte i CD: les oracions d'infinitiu de subjecte i CD (opcional): *M'interessaria de veure't aviat. M'havien prohibit de veure-la.* És obligatori amb verbs com *mirar* i *provar*. *Mira de dir-li suaument. Prova d'engegar el motor.*

RECORDA

S'utilitza ***de*** en algunes expressions i participis: *No serveix de res* (o *per a res*). *No tinc temps de res* (o *per a res*). *Seguits de, acompanyats de*, etc.

en

- Complement de règim verbal: *Confia en la solució proposada.*
- Complement circumstancial de temps: *Ho hem fet en una setmana.*
- Complement circumstancial de lloc: *Treballa en una fàbrica tèxtil.*

per

- Complement circumstancial (lloc, temps, instrument, manera, etc.): *T'ho faré arribar per missatger. Pel maig, cada dia un raig. Passejo per la ciutat.*
- Complement predicatiu: *El tenen per bo.*
- Complement de règim verbal: *No s'interessa per la feina.*
- Complement del nom/adjectiu: *L'estimació per la vida. Content per tu.*

per a

- Complement circumstancial de temps (terminis temporals): *Ho vull per a dilluns.*
- Complement circumstancial de destinatari: *Ho porten per a ella.*
- Complement adjectival: *És bo per a tots.*

Usos preposicionals (preposicions simples àtones)

a/en

- **Valor locatiu**
  — Moviment
    - ***a***: *Cada estiu vaig a Formentera.*
    - ***en***: s'usa *en* davant *un*, *algun* o demostratius, fins i tot amb verbs com *anar*, *entrar*, *pujar*, etc., els quals normalment regeixen ***a***. *En aquesta casa hi ha molts llibres. Hem pujat en aquella ermita.*

  — Estada
    - ***a***: article definit: *Dorm a l'hotel.*
      interrogatius: *A quina fonda t'has instal·lat?*
      expressions: *a casa, a palau, a taula, a classe,* etc.
      topònims: *fabricat a Escòcia.*
    - ***en***: *Viu en un barri residencial.*

  — Lloc figurat
    - ***en***: *en el diari d'avui.*
- **Valor temporal**
  — Indicació de l'any
    - ***el/en***: *El 1969 l'home va arribar a la Lluna.*
      L'any 1969 l'home va arribar a la Lluna.
      En 1969 l'home va arribar a la Lluna.

— Indicació segle
  - ***a/en* + *el***: *Al segle XIX va aparèixer el catalanisme polític.*
    En el segle XIX va aparèixer el catalanisme polític.
— Mesos/estacions
  - ***a***: *A l'estiu aniré de festa major.*
    A l'octubre aniré a caçar bolets.

en/amb

- Mitjà de locomoció: *en/amb* poden usar-se per expressar mitjà de transport: *viatja en/amb avió.*

RECORDA

Utilitzem *a* en les expressions: *a peu, a coll, a cavall.*

RECORDA

Cal no confondre *en* i *amb*, tot i les semblances fonètiques: *Estudia amb tu. Pensa en tu*

per/per a

- ***Per*** indica causa (relacionada amb el passat) i ***per a*** indica finalitat (relacionada amb el futur): *Ho feia per tu* (causa). *Va comprar combustible per al cotxe* (finalitat).
- **Davant d'infinitiu**:
  — causa → ***per***: *Han detingut el gerent per estafar l'empresa.*
  — finalitat → ***per a*** (quan es pot substituir per ***a fi que*** + subjuntiu): *Van fitxar un brasiler per a marcar gols. Van fitxar un brasiler a fi que marqués gols.*
  — causa i finalitat alhora → ***per*** (quan es pot substituir per ***perquè*** + verb voler): *Treballa per guanyar-se la vida. Treballa perquè vol guanyar-se la vida.*

La gramàtica admet també que davant d'un infinitiu s'utilitzi sempre ***per***.

- **Altres casos**:
  — infinitiu d'expectativa → ***per***: *Cotxe per vendre.*
  — expressió de l'opinió → ***per***: *Per mi, això no es fa.*
  — festes/esdeveniments → ***per***: *Per Nadal, cada ovella al seu corral. Per la verema, per Pasqua, etc.*
  — davant adverbi → ***per***: *Ho vull per demà. Soterrat per sempre més.*
  — rere locucions adverbials → ***per a***: *Ho tindré a punt per a la setmana que ve.*

Usos preposicionals (preposicions compostes)

- ***Cap a*** perd la *a* davant adverbis que indiquen direcció (*aquí, allà, avall, endarrere,* etc.): *cap avall, cap aquí, cap ençà*, etc. La *a* de *cap a* i *fins a* es pot optar per elidir-la per evitar el contacte de dues *a*:
  Tornem cap aquell cim.
  Tornem cap a aquell cim.
- ***Fins a*** perd la *a* en els mateixos casos que *cap a*: *fins aquí, fins allà*, etc.
  També se suprimeix la *a* davant adverbis i construccions temporals: *fins ara, fins ben aviat. No hi havia canvis fins fa una setmana.*
- ***Com a*** perd la *a* davant indefinit: *El tracten com un dels representants del govern.*

Usos preposicionals (preposicions tòniques)

TINGUES EN COMPTE

- Les preposicions que indiquen lloc estàtic: *dalt, damunt, dins, fora, sobre, vora, sota*, etc. poden combinar-se amb *a* i *de*: *(a) fora (de), (a) prop (de), (a) sota (de)*, etc.
- *Damunt, davant* i *darrere* també accepten l'article. *Al davant de... , al darrere de...*

TINGUES EN COMPTE

Algunes preposicions: *darrere, davant, lluny, contra, d'acord, favor*... admeten la pronominalització del nucli de SPrep (*en/hi*):

Hi van arribar a prop (de casa).

N'estic ben lluny (del poble).

Hi tenen el professorat en contra (de la llei).

TINGUES EN COMPTE

- ***Arran de***: pot tenir dos sentits: gairebé tocant / com a conseqüència: *L'avió no passa arran del cim. Arran de les protestes, el govern va revocar la llei.*
- ***Arreu***: té el significat de pertot i pot anar reforçada amb la forma *pertot*: *Hi ha coloms pertot arreu.*

RECORDA

Vers, devers i *envers* tenen el sentit de direcció. Però presenten alguns matisos diferents:

- ***Vers***: en direcció a / pels volts de: *Avançàvem vers el precipi. La ràdio apareix vers l'any 1920.*
- ***Devers***: en direcció a / aproximadament (davant de numerals): *Devers mil persones.*
- ***Envers***: cap a la banda / en allò que concerneix algú: *El respecte envers els avis.*

Usos preposicionals (locucions)

- **Locucions procedents de gerundis o participis**: *durant, mitjançant, no obstant, tocant a, llevat (de), tret (de), excepte, dret a, salvat (o salvant)...*
- **Conjunts de preposició + un altre element + preposició**: *a causa de, per causa de, a raó de, a favor de, a desgrat de, a despit de, a excepció de, a fi de, per tal de, a força de, a còpia de, a partir de, a través de, al costat de, al peu de, amb vista a, d'acord amb, de dret a, de llarg a llarg de, per por de, per culpa de, en contra de, en lloc de, en comptes de, en virtut de, en vista de, per amor de, per esguard de, a frec, per mor de...*

RECORDA

La locució ***quant a***, sinònima de *pel que fa a, respecte a, tocant a, pel que respecta a*, no va mai precedida per la preposició *en*: *Quant al joc de l'equip, l'entrenador no va voler comentar res.*

RECORDA

S'ha d'evitar l'ús de les locucions *a nivell de, de l'ordre de* i *a base de.* Aquesta última únicament és acceptada quan indica els ingredients d'un compost, plat, etc. En altres casos s'han de substituir per *a força de, a còpia de...*

**A nivell europeu, el nostre és un país avançat.*

En el context europeu, el nostre és un país avançat.

**A base de fer-se pesat li ho van consentir.*

A còpia de fer-se pesat li ho van consentir.

Pel que fa a *de l'ordre de*, s'ha de substituir per expressions com ara *al voltant de, prop de, si fa no fa.*

**Ingressarem de l'ordre de dos milions d'euros.*

Ingressarem al voltant de dos milions d'euros.

Canvi i caiguda de preposicions

- Les preposicions ***en*** i ***amb*** es canvien per ***a*** davant d'infinitiu en registres formals: *Estic interessat en tu. / Estic interessat a sortir per televisió.*
- Les preposicions ***a**, **de**, **en**, **amb*** i ***per*** s'elideixen davant de la conjunció ***que***: *Confia en mi. / Confia que vindrà aviat. S'adona de la situació. / S'adona que no pot fer res.*

ACTIVITATS

1 Completa les frases següents amb les preposicions *a, amb* o *en*. Fes les contraccions que calgui:

a Consulteu-ho .... el diccionari.
b Són .... la cuina.
c Aneu .... compte.
d Anireu .... el cinema?
e Hi ha anat .... cotxe.
f Pensa .... la Maria.
g Confiem .... el teu ajut.
h Fa els exàmens .... un quart d'hora.
i .... un moment estarà acabat.
j No compteu pas .... mi.
k Pensa .... sinceritat.
l Vaig anar .... el poble.
m Ho podeu veure .... els casos següents.
n Es va llicenciar .... Dret.
o Fabricat .... Portugal.

2 **Omple els espais en blanc amb *per* o *per a*:**

- **a** Ho van deixar .... l'Anna.
- **b** Ens han citat al notari .... dimarts vinent.
- **c** Producte adequat .... neteja de vidres.
- **d** Aquesta pel·lícula no és apta .... menors de 14 anys.
- **e** Vindran .... les vacances d'estiu.
- **f** Faré drecera trencant .... la dreta del camí.
- **g** No calia fer tant soroll .... tan poca cosa.
- **h** .... dissabte ja ho haurem acabat.
- **i** Ho ha revisat tot i, ... mi, no té cap raó de queixar-se.
- **j** Tindré tota la feina enllestida .... la setmana que ve.

3 **Quan calgui, posa la preposició adequada als espais en blanc:**

- **a** En Pere convida .... uns amics a dinar.
- **b** No he parlat més .... la Mercè.
- **c** Potser no veure més .... la Carme.
- **d** Sovint penso .... les vacances.
- **e** Li agradava .... llegir poesia.
- **f** No és la persona més idònia .... aquesta mena de feina.
- **g** Si mantens la teva opinió, nosaltres no tenim res .... dir-hi.
- **h** Hauríem d'aconsellar .... la nova dependenta.
- **i** Ja tindràs prou beguda .... tots els que vindran?
- **j** Això que faig .... tu, no ho faria .... ningú més.
- **k** Catalunya va engegar la revolució industrial .... (el) segle XIX.
- **l** .... el 1833 va iniciar-se la Renaixença.

4 **Completa les frases següents amb la preposició o preposicions que hi vagin bé (*a*, *de*, *per* i *per a*):**

- **a** Noia lliure .... prejudicis.
- **b** Era estimat .... tothom.
- **c** Tinc un ramat .... bens, però no tinc pinso .... ells.
- **d** Sala .... projeccions.
- **e** Vinc .... Girona.
- **f** No li va servir .... res.
- **g** Va tenir ocasió .... veure alguns amics.
- **h** Miraré .... acabar de seguida.
- **i** .... cigrons, posi-me'n mig quilo.
- **j** Vi .... l'Empordà.
- **k** Dona el disc .... aquell noi.
- **l** Treballa .... col·laboració un dibuixant.
- **m** .... (el) migdia feia un sol que badava les pedres.

5 **Omple els buits amb les preposicions *per*/*per a* i justifica'n l'ús:**

a L'han sancionat .... una jugada dubtosa. → ....
b Enviaré el secretari .... conèixer els detalls. → ....
c .... ara no tenim solució. → ....
d Tindrem la feina .... diumenge. → ....
e Necessito diners .... comprar un pis. → ....
f Avui no estic .... romanços. → ....
g Pis .... llogar. → ....
h .... mi és un error. → ....
i La tele serveix .... dormir. → ....
j He vingut .... veure't. → ....
k Es prenia un xarop .... la tos. → ....
l Ho fa .... quedar bé. → ....

6 **Completa les frases següents fent servir els lligams *en*, *a* i *que*:**

Exemple: Penseu ***en*** l'actuació dels cantants.
a actuar davant el públic.
que heu d'actuar amb espontaneïtat.

a Elles estaven d'acord .... tot el que dèiem.
b Elles estaven d'acord .... tornar demà.
c Elles estaven d'acord .... tothom pagués.

d Us heu compromès .... pactes inútils.
e Us heu compromès .... tornareu les claus.
f Us heu compromès .... fer la feina.

g S'entossudeix .... les seves decisions.
h S'entossudeix .... fer el que vol.
i S'entossudeix .... li facin cas.

j Estic interessat .... tu hi participis.
k Estic interessat .... qüestions de política.
l Estic interessat .... recollir-ne les dades.

7 **Esmena, sempre que calgui, els usos preposicionals següents:**

a Confiava en sortir aviat de l'embolic. → ....
b S'entesta en que l'escullin pel projecte, però no està prou preparat. → ....
c Per la nit sortirem de gresca per la ciutat. → ....
d Arrel dels esdeveniments, va presentar la seva dimissió. → ....
e Estic pendent de que em retornin les comissions il·legals. → ....
f Van venir tots dos amb tren. → ....
g Si no veniu cap a aquí, nosaltres caminarem fins a allà. → ....

Unitat 20: L'adverbi

Definició

Categoria gramatical invariable que pot modificar un verb, un adjectiu o un altre adverbi.

Sintaxi

L'adverbi pot actuar com a CC del verb o del conjunt de l'oració. També pot fer d'especificador d'un altre adverbi o d'un adjectiu.

Ens trobem demà a la plaça.

No dorm gens bé. Està molt contenta.

RECORDA

- La partícula ***pas*** afegeix diversos matisos a les frases negatives:
  - — Reforça la negació: *No ho facis pas, això!*
  - — Nega una suposició implícita: *Com t'ha anat l'examen? No m'he examinat pas, jo.*
  - — Expressa una probabilitat: *No has vist pas l'Antònia?*
  - — Nega parcialment un enunciat anterior: *Han cancel·lat els deutes. No pas amb mi.*
- Comparacions: *Estudia més que no pas ella.*

Classificació

Segons la forma

- simples → *avui, bé, aquí*, etc.
- locucions adverbials → *amb prou feines, de gom a gom, en dejú*, etc.

Segons la funció

complements	• complement verbal: *Viu bé.* • modificador oracional: *Malauradament, no podré assistir a la reunió.*
especificadors	• especificador adjectival: *Tenim un problema molt gros.* • especificador adverbial: *Condueix molt de pressa.*
connectors	• connector oracional/textual: *altrament, mentrestant, conseqüentment.* • relatius adverbials: fan de CC del verb i de nexe subordinant: *on, quan, com, quant: Quan acabi vindré.* • adverbis interrogatius: apareixen en oracions interrogatives directes o indirectes: *on, quan, com quant: On ets? No m'ha dit quan tornarà.*

Segons el significat

- manera → *bé, ràpidament, a la babalà, així, ensems, debades*, etc.
- temps → *ahir, després, avui, adés, anit, llavors*, etc.
- lloc → *aquí, lluny, allà, pertot, prop, dalt, avall*, etc.
- quantitat → *molt, poc, massa, prou, bastant, un xic*, etc.
- modalitat (afirmació, negació, dubte) → *sí, no, tampoc, potser, fins*, etc.

L'adverbi

tipus	adverbis	locucions adverbials	altres
de manera	*bé* (*ben* davant adj. o adv.), *mal (malament)*, *com* (interrog.), *així, millor, pitjor, alhora, sols, només, almenys, arreu, exprés, corrents, debades, gairebé, quasi, sobretot, tot* (davant adj. o adv.)	*a bastament, a ull nu, a cau d'orella, a contracor, a repèl, a correcuita, a dojo, a la babalà, a la deriva, a l'engròs, a males penes, a peu, xano-xano, a ultrança, comptat i debatut, amb un no res, de cap, de franc, fil per randa, si més no, si fa no fa, a les palpentes, al cap i a la fi*	adverbis formats sobre un adjectiu (en femení) + el sufix -*ment*: *amablement, ràpidament, tristament*
de temps	*quan, adés, llavors, aleshores, sempre, sovint, tothora, mai, després, abans, ja, aviat, tard, encara, avui/hui, ahir, demà, enguany, anit*	*de nit, de dia, a la matinada, al matí, de bon matí, al migdia, a la vesprada, al capvespre, al vespre, a deshora, a destemps, a hores d'ara, tot al llarg de, al present*	locucions formades pel gerundi del verb *haver* + el participi passat d'un verb: *havent acabat, havent anat*
de lloc	*on, ací, aquí, allí, allà, enlloc, onsevulga/onsevulla, dins/dintre, fora, davant, darrere, endavant, sobre, damunt, davall, sota, amunt, dalt, baix, prop, lluny*	*d'allí estant, d'ací i d'allà, pertot arreu, de fora estant, cap endins, cap enfora, al davant, al darrere, cap al davant, a la dreta, a l'esquerra, a sobre, a sota, al damunt, cap amunt, cap avall, a dalt, a baix, al capdamunt, a l'entorn, a la vora, als afores*	
de quantitat	*molt, poc, més, quant, menys, tant* (*tan* davant adj. o adv.), *bastant, massa, força, prou, gens, res*	*a més, a més a més, a més de, d'allò més, més o menys, si més no, un poc, una mica, un xic, no gens, no gaire, gens ni mica, bona cosa, un grapat, un munt*	
modalitat: d'afirmació	*sí, també, prou, àdhuc*	*fins i tot, ...i tot, en efecte, de ben segur, per descomptat, sens dubte, i tant, de veritat, de debò, no cal dir-ho*	*certament, efectivament, justament, indubtablement, evidentment*
de negació	*no, ni, tampoc, pas*	*de cap manera, en ma vida, en absolut, no pas, no gens, i ara*	
de dubte	*potser*	*si de cas, tal vegada, tal volta, qui sap, a la millor, si molt convé, què et diu que, per ventura*	*possiblement, probablement*

RECORDA

Locució adverbial: expressió fixa d'una llengua equivalent a un adverbi. Solen constar d'una preposició i un substantiu. Però també poden formar-se amb preposició i adjectiu o adverbi.

TINGUES EN COMPTE

- Els adverbis acabats en ***-ment*** es formen a partir de la forma femenina de l'adjectiu: *ràpidament, pobrament*, etc.

  Quan hi ha dos adverbis acabats en ***-ment***, s'ha de mantenir la terminació en els dos adverbis, o bé només en el primer: *ràpidament i eficaçment; ràpidament i eficaç*, però no **ràpida i eficaçment.*

  L'adverbi *malament* s'escurça davant participi o adjectiu: *mal fet; mal acabat.*

- La forma ***ací*** és habitual en alguns parlars, com ara el pallarès i també en valencià: *Ací jau Ausiàs March.*

- Els **dies de la setmana** en un futur o passat immediat són adverbis i, per tant, no porten article: *Vindré dissabte.*

- Convé distingir ***res*** (pronom), ***gens*** (adverb) i ***gens de*** (determinant): *no menja res / no menja gens / no menja gens de pa.*

- ***Mentrestant*** és un adverbi temporal equivalent a durant el temps que s'esdevé un fet. No s'ha de confondre amb la conjunció *mentre* o *mentre que*.

  Li diré demà; mentrestant (durant aquest temps) *fes el que puguis.*

  Mentre et vesteixes, carrego les maletes.

  Mentre que (en canvi) *tu treballis, ell dorm.*

- ***Tan*** davant d'adjectiu o adverbi:

  És tan llest com tu.

  Canta tan bé com tu.

- ***Tant*** davant d'un nom o quan funciona com complement verbal:

  No treballis tant.

  No beguis tant (de) cafè.

  També escrivim ***tant*** quan elidim l'adjectiu o l'adverbi: *Era alt, però no tant com semblava.*

ACTIVITATS

1 Subratlla, en cada cas, la locució o el mot correcte:

a Aquesta exposició de fotografies no m'ha agradat (massa/gaire).

b (Per/A) la tarda no treballen.

c Només anava a veure'ls (de tant en tant / de quan en quan).

d Ho van saber (el dia següent / l'endemà).

e Van marxar ahir (tarda / a la tarda) i ja deuen ser-hi.

f No vindré (dilluns / el dilluns) de la setmana entrant, sinó (el dimarts / dimarts).

2 **Fes el mateix que en l'activitat anterior:**

a Em demanaven que hi anés (com més aviat millor / el més aviat possible).

b Passejaren tot el matí carrer (a dalt / amunt) carrer (a baix / avall).

c Trobàvem bolets (per tot / pertot).

d No l'he vist (enlloc / en lloc).

e Quan va ser (enlaire / en l'aire) va agafar por.

f M'agrada la casa (per tot / pertot): pel preu, pel lloc...

g Vindrà la Marta (enlloc / en lloc) de la Neus.

h La pilota, no me la tireu gaire (enlaire / en l'aire).

3 **Dels adverbis següents, els uns indiquen lloc, i els altres, direcció. Classifica'ls i fes una frase amb els que indiquen lloc.**

dins, fora, amunt, avall, davant, darrere, enfora, aquí
endavant, endarrere, ençà, enllà, allà, enrere, endins, endintre

lloc	direcció

....

....

....

....

....

....

....

....

....

....

....

4 **Construeix un adverbi de mode afegint-hi *-ment*.**

a assidu → ....

b continu → ....

c exprés → ....

d ingenu → ....

5 Completa les frases amb l'adverbi corresponent. Fixa't en l'exemple.

Exemple: Els nois avancen (ràpid). → *ràpidament*.

- **a** Els alumnes es comporten (mal). → ....
- **b** Van presentar-se vestides (pobre). → ....
- **c** El pagès sembra el blat (amb cura). → ....
- **d** Els exercicis es resolen (diferent). → ....
- **e** L'Òscar i en Pep es comporten (amic). → ....
- **f** Els pares de la Mar treballen (intens). → ....
- **g** Sempre et saluda (alegre). → ....

6 Explica el significat de les locucions adverbials següents i construeix una oració amb cadascuna:

a a trenc d'alba

....

....

b a posteriori

....

....

c a cau d'orella

....

....

d a contrapel

....

....

e a empentes i rodolons

....

....

f a l'engròs

....

....

g a la gatzoneta

....

....

h al detall

....

....

i a rajaploma

....

....

j a tort i a dret

....

....

Unitat 21: L'oració

L'oració

Definició

Unió d'un SN i un SV a través de la concordança.

SN → SV

Des del punt de vista sintàctic, l'oració és una estructura gramatical ordenada i coherent que no està inclosa en cap altra estructura superior.

Com a unitat sintàctica, l'oració s'estructura a través de la jerarquia i la concordança.

Jerarquia

El SN i el SV són els constituents de l'oració i fan de subjecte i predicat, respectivament. El subjecte i el predicat seleccionen els complements corresponents, que es troben en un nivell sintàctic inferior, com ara el CN, el CD, el CI, etc.

El vehicle del veí (SN) *va sortir de la carretera.* (SV)

Concordança

El subjecte i el predicat concorden en persona i nombre.

*Els manifestants van protestar. / *Els manifestants va protestar.*

Classificació de les oracions

Segons el nombre de verbs

- **simples**: un sol verb
- **compostes**: més d'un verb
  - **coordinades**: independència jeràrquica
  - **subordinades**: dependència jeràrquica

Segons la naturalesa del verb

- **atributives**: verbs copulatius (*ser, estar, semblar...*)
- **predicatives**: verbs predicatius
  - **transitius** (porten CD)
  - **intransitius** (no porten CD, però poden incorporar altres complements verbals)

Segons la relació SN - SV

- **reflexives**: el subjecte és l'agent d'una acció que recau sobre ell mateix: *En Pep es renta. En Pep s'afaita.*
- **recíproques**: el subjecte i el CD/CI s'intercanvien les accions: *Segons el dia, s'estimen o s'odien.*
- **personals**: incorporen un SN que fa de subjecte.
- **impersonals**: no hi ha subjecte gramatical.
  - impersonals de fenòmens meteorològics: *plou, neva, fa sol...*
  - impersonals pronominals: verb intransitiu i pronom *se*: *Aquí s'estudia poc. Es viu bé a Lleida.*
  - impersonals amb verb *haver-hi*: *Hi ha molts cotxes.*
  - *semblar* + *que* + subordinada: *Sembla que plou.*

Segons la veu verbal

- **actives**: el subjecte fa l'acció. *Miró pintà el quadre.*
- **passives**: el subjecte rep o pateix l'acció. *El quadre va ser pintat per Miró.*
- **tematitzades**: tenen forma activa, però hi ha canvi d'ordre dels constituents. *El quadre el va pintar Miró.*

Segons la modalitat oracional

- **enunciatives**: informen sobre un fet.
  - **afirmatives**: *Demà plourà.*
  - **negatives**: *No passaran.*
- **interrogatives**: formulen una pregunta.
  - **directes**: *Què fas?*
  - **indirectes** (no porten signe d'interrogació): *No sé quan arribarà.*
- **exclamatives**: expressen un sentiment. *Fa molt de fred!*
- **optatives**: expressen un desig. *Tant de bo ho aprovi tot!*
- **dubitatives**: manifesten un dubte. *Potser està malalt.*
- **imperatives o exhortatives**: expressen un manament. *Vine de seguida!*

ACTIVITATS

1 **Destria totes les oracions dels fragments següents i separa'n el subjecte del predicat:**

a

Venen i van les ones de la mar
i en el seu si profund el meu cor nego,
l'ànima nego, nego el pensament.

GERARD VERGÉS, *Inspirat molt vagament en Hölderlin*

b

Estudiàvem a les monges,
teníem totes els ulls blaus,
unes mamàs de carns ja flonges
i uns papàs rics però babaus.

Avui, però, som diferents:
tenim marits, amants, minyona,
un Ford i fills prepubescents:
els més bonics de Barcelona.

SALVADOR OLIVA, *El somriure del tigre*

c

L'any 1842, el folklorista Marià Aguiló recollí la cançó encara vivent en la veu del poble i, el 1853, es publicà per primera vegada. Exercí un atractiu extraordinari sobre els nostres escriptors, i generà contes, novel·les, teatre i poesia, en general d'escassa o nul·la qualitat. A principis del segle xx, Joan Maragall reflexiona profundament sobre el mite i, després d'una llarga, complexa i difícil gestació, ens dona, amb *El comte Arnau*, una de les obres més importants de la literatura catalana.

LLUÍS CALDERER

2 **Digues quina és la modalitat de cada una de les oracions següents:**

a No m'ho crec. → ....

b Ningú no es creu que m'hagi costat tan poc? → ....

c Surtin sense fer soroll. → ....

d Potser s'han quedat a les fosques. → ....

e Avui fa força sol. → ....

f Ja deuen ser a casa. → ....

g És possible que recullin els diners que els calen. → ....

3 **Converteix en oracions els grups de mots següents:**

a polèmica desemboquen observacions aquestes encesa una en

....

b Menorca el mot únicament refereix Mallorca a Eivissa i Balears designa i el nom Pitiüses es Formentera i

....

c començar maneres de la seus dialectologia pioners van a aplegar els de parlar dels contemporanis les

....

4 **Algunes d'aquestes oracions tenen problemes de concordança o de correcció gramatical i unes altres són incompletes. Fes que totes siguin completes i gramaticals:**

a La candidata aspirava a que la gent la tornés a votar.

....

b L'alumnat es queixaven de la duresa de la prova.

....

c La música clàssica sembla torna a tenir un públic devot.

....

d Hi ha que complir les tres regles de joc bàsiques.

....

e L'Arnau s'avé força.

....

f Ahir al vespre menjarien només uns quants panets.

....

5 **Subratlla tots els SN dels exemples següents:**

a Han promogut uns quants canvis.
b En la seva feina té una gran llibertat d'acció.
c Com es poden oposar dues maneres de viure?
d Estalvi de temps, tranquil·litat, seguretat i poc desgast del vehicle.
e Únicament es va haver d'esforçar molt.
f Per tal de no cansar-nos excessivament, vam desembarcar a Cala Vinyes.
g Aquella idea passava de pares a fills.
h Va ser una explosió turística que va fer variar paisatges i costums de l'illa.
i El partit va començar una hora més tard.
j L'ordinador està espatllat per culpa del cop.

6 **Converteix les oracions següents en negatives. Comenta breument els canvis morfològics que s'hi han produït.**

a Veniu cap aquí.

....

b Estudia la unitat abans de fer l'examen.

....

c Algú m'havia dit que vindries.

....

d Fes-ho immediatament.

....

e Ves-hi avui, i torna demà.

....

f Beu-t'ho tot.

....

7 **Identifica el subjecte de les oracions següents i digues de quin tipus de construccions es tracta (actives, tematitzades o passives pronominals).**

a Els ecologistes locals van establir relacions amb els sindicats.

.... / ....

b Les relacions amb els sindicats, les van establir els ecologistes locals.

.... / ....

c Es van establir relacions amb els sindicats.

.... / ....

d Hom va establir relacions amb els sindicats.

.... / ....

e Van establir relacions amb els sindicats.

.... / ....

8 **Tematitza les oracions següents:**

a El segrestat va ser alliberat pels Mossos d'Esquadra.

....

b Tenim la casa empantanegada per les obres.

....

c Un grup de descontents va provocar els aldarulls.

....

d Va publicar la novel·la a disset anys.

....

e Fan la guitza cada dia.

....

f Construeixen els camps de golf sense mesures de protecció mediambientals.

....

9 **Identifica totes les oracions del text següent i indica'n el subjecte i el predicat.**

L'August és el Sol. El pare, la mare i jo som els planetes que giren al voltant del Sol. La resta de familiars i amics són asteroides i cometes que floten al voltant dels planetes que giren al voltant del Sol. L'únic cos celeste que no gira al voltant d'aquest Sol que es diu August és la Daisy, la gossa, però només perquè pels seus ullets de gossa no hi ha gaire diferència entre la cara de l'August i la resta de cares humanes. Per la Daisy tots tenim la mateixa cara, plana i pàl·lida com la lluna.

R.J. Palacio, *Wonder*

....

....

....

....

....

Unitat 22: Formació de paraules

El lèxic comprèn tots els mots i expressions pròpies d'una llengua. Hi ha mots amb contingut semàntic (noms, verbs, adjectius o adverbis) i d'altres que únicament tenen significat gramatical (preposicions, conjuncions, determinants).

Convencionalment és considera **paraula** o **mot** un conjunt de lletres amb sentit entre dos espais. Podem classificar-los segons el seu origen en:

- **mots patrimonials** (el lèxic bàsic i majoritari de la llengua catalana prové del llatí vulgar)
- **neologismes** i **manlleus** (mot incorporat a una llengua creat amb mecanismes propis, en el primer cas, o manllevada d'una altra)

Procediments per a la formació de paraules

1. Modificant els elements preexistents
- Composició
- Derivació
- Parasíntesi

2. Adaptant elements d'altres llengües
- Manlleus
- Cultismes i pseudoderivats

3. Altres procediments
- Abreviacions
  - Abreviatures
  - Sigles
  - Símbols
  - Acrònims

Composició

Procediment de creació d'una nova paraula (amb significat nou i unitari) a partir de la unió de dos o més mots simples que ja existeixen.
La composició es fa a partir de les categories gramaticals substatiu, adjectiu i verb.

Combinacions per formar substantius compostos

primera paraula	segona paraula	paraula resultant	exemple
verb	substantiu	substantiu	*guarda-roba*
substantiu	adjectiu	substantiu	*aiguardent*
adjectiu	substantiu	substantiu	*bonaventura*
substantiu	substantiu	substantiu	*sud-est/aiguaneu*
verb + i +	verb	substantiu	*vaivé*
substantiu + i +	substantiu	substantiu	*allioli*

Combinacions per formar adjectius compostos

primera paraula	segona paraula	paraula resultant	exemple
substantiu	adjectiu (participi)	adjectiu	*esmaperdut*
adjectiu	adjectiu	adjectiu	*sordmut*

Combinacions per formar verbs compostos

primera paraula	segona paraula	paraula resultant	exemple
substantiu	verb	verb	*capgirar*
adjectiu	verb	verb	*primfilar*

RECORDA

També hi ha alguns adverbis, preposicions i conjuncions formats per composició: *malgrat, perquè, daltabaix.*

L'escriptura dels compostos

De tres maneres possibles:

1. **Units directament**: *capgròs, migjorn*
2. **Units amb guionet**: si el primer mot acaba en vocal i el segon comença amb ***r***, **s** o ***x***: *barba-ros, penya-segat* o *escura-xemeneies*
3. **Separats**: *escola bressol, disc compacte*

L'**habilitació** és un procediment de creació de mots nous a partir de la modificació de la categoria gramatical d'un mot ja existent sense afegir-hi cap afix derivatiu i sense que es produeixi cap modificació formal en el lexema.

*Era un home **savi**. Era el **savi** més despistat del món.*

Derivació

Procediment de creació d'una paraula nova (amb significat nou i unitari) a partir de l'adjunció d'un o més afixos al lexema de la paraula.

RECORDA

- **Lexema**: part de la paraula que aporta el contingut semàntic.
- **Afix**: partícula que s'afegeix al lexema i que hi aporta matisos de significat diferent: *paper* (lexema) ***-assa*** (afix). Els afixos poden ser morfemes flexius o morfemes derivatius.

RECORDA

- **Morfema flexiu**: partícula que afegeix al lexema significat gramatical (gènere, nombre, etc.): *avi* → *àvi-**a***.
- **Morfema derivatiu**: partícula amb contingut semàntic que permet crear paraules noves: *besavi* → ***bes**-avi.*

Segons la posició que ocupin els afixos al voltant del lexema hi ha: **prefixos** (davant del lexema), **infixos** (entre el lexema i el sufix) i **sufixos** (rere el lexema).

Prefixos

Els prefixos es col·loquen davant del lexema i, per tant, no modifiquen la categoria gramatical del derivat resultant. De vegades l'adjunció produeix canvis ortogràfics.

en + paper + ar → ***em**-paperar*

Alguns dels prefixos més freqüents:

prefix	significat o funció	exemple
a- (an-)	negació	*asimètric, anal·lèrgic*
anti-	oposició	*antitèrmic*
auto-	un mateix	*automòbil*
contra-	oposició	*contraprestació*
des- (dis-)	contrari	*deshabitar, disculpar*
en- (em-)	posar a dins	*emmarcar, engreixar*
entre-	al mig	*entreacte*
ex-	antic càrrec / cap enfora	*exdirector, exportar*
extra-	més que / situat fora	*extraordinari, extramur*
hiper-	per sobre de la mesura	*hipercrític*
hipo-	per sota de la mesura	*hipotensió*
in- (im-, il-, i-, ir-)	negació	*inadequat, inexacte irregular, il·legal*
infra-	per sota	*infrahumà*
inter-	entre	*intèrfon*
neo-	nou	*neologisme*
pre-	abans de	*prehistòric*
re-	repetició	*repoblar*
semi-	la meitat, parcialment	*semicircumferència, semidesnatat*
sots-	càrrec inferior	*sotsdirector*
sub-	inferior	*subaltern, subaquàtic*
trans-	a través de	*transatlàntic*
vice-	substitut de	*viceconseller*

Infixos

Els infixos es col·loquen entre el lexema i el sufix. No tenen contingut semàntic estrictament.

*te-**t**-era* *allarg-**ass**-at*

infixos més corrents	exemples
-al-, -all-, -an-, -ar-, arr-, -ass-, -at-	*apegalós, ceballut, juganer, caparrot, allargassar, peixater*
-eg-, -ell-, -en, -er-, -et-	*bonyegut, gotellada, llumenera, buterut, pelleter*
-ic-, -ill-, -in-, -isc-, -iss-	*ploricó, branquilló, calcinar, nevisquejar, aferrissar*
-ol-, -on-, -oss-, -ot-	*rajolí, ratoner, picossada, parlotejar*
-uc-, -usc-	*menjucar, pedruscall*

Sufixos

Els sufixos es col·loquen rere del lexema i poden fer variar la categoria gramatical del mot primitiu. Alguns dels sufixos més freqüents:

significat	sufix	exemple
noms d'oficis	-ista	*futbolista*
	-er/-era	*sabater/sabatera*
	-ant	*estudiant*
	-dor/-dora	*venedor/venedora*
	-aire	*boletaire*
	-à/-ana	*escolà/escolana*
	-ent/-enta	*dependent/dependenta*
noms derivats de verbs	-alla -ció (-ió) -ment -ada	*rialla* *imaginació* *coneixement* *cremada*
noms derivats abstractes de verbs o adjectius	-ança -ença -ència -ància -esa -ud	*enyorança* *temença* *paciència* *abundància* *saviesa* *quietud*
creació de verbs	-ificar -itar -itzar	*edificar* *agilitar* *realitzar*
establiment col·lectiu	-eria, -ada	*fruiteria* *abraçada*
doctrina	-isme	*catalanisme*
col·lectiu quantitat	-ada -eda -am -ar	*nuvolada* *arbreda* *rocam* *bestiar*
noms d'objectes derivats de verbs	-all -dor/-dora -et	*fregall* *espremedora* *xiulet*
gentilicis, noms dels habitants dels llocs	-ès/-esa -à/-ana -í/-ina -enc/-enca	*francès/francesa* *andorrà/andorrana* *alacantí/alacantina* *santcugatenc/santcugatenca*
diminutius	-et/-eta	*gosset*
diminutius, afectius	-ó, -ona -oi/-oia	*animaló, animalona* *tristoi/tristoia*
diminutius lexicalitzats	-ol/-ola -ell/-ella -í/-ina	*rierol/muntanyola* *altell/portella* *banderí/boirina*
augmentatius	-às/-assa	*xicotàs/xicotassa*
superlatiu	-íssim/-íssima	*maquíssim/maquíssima*

Parasíntesi

És el procediment de creació de paraules noves a partir de l'addició simultània d'un prefix i d'un sufix, de manera que sense un dels dos afixos el mot és inexistent en la llengua. Bona part dels mots parasintètics són verbs.

a-cost-ar

a-bony-eg-ar

es-brau(v)-ar

Manlleus

Un manlleu és una unitat lèxica que passa d'una llengua a una altra i s'integra en la llengua que el rep, ja que aquesta no disposa de cap altra paraula per designar el concepte manllevat.

El lèxic patronímic del català prové del llatí, però al llarg de la història de la llengua hi han intervingut d'altres llengües de les quals procedeixen manlleus diversos.

- Arabismes: *arracada, duana, matalàs, albergínia...*
- Occitanismes: *ambaixada, capellà, rossinyol...*
- Germanismes: *espai, blanc, guerra, lleig, sabó...*
- Castellanismes: *buscar, entregar, preguntar, taquilla, tarda, borratxo...*
- Gal·licismes: *bitllet, carnet, clixé, menú, xofer...*
- Italianismes: *aquarel·la, pallasso, piano, soprano...*
- Anglicismes: *futbol, golf, esprai, tennis, vàter, pàrquing...*
- Altres llengües: *burca, falafel, kebab...*

Cultismes i pseudoderivats

Cultisme

Paraula manllevada tardanament a una llengua clàssica (llatí o grec) i que no ha sofert l'evolució dels mots patrimonials, sinó que només ha estat parcialment adaptada.

a priori, a posteriori, carpe diem, de iure, lapsus, totum revolutum, grosso modo, globus, virus, sinus, cactus...

Pseudoderivat

Paraula culta que no s'escriu com la resta de paraules de la mateixa família.

corb, corbat	→	*curvatura, curvilini*
dolç, endolcir, dolcesa	→	*dulcificar, edulcorar*
jove, jovent, joventut	→	*juvenil*
moc, mocar, mocós	→	*mucosa* (substantiu), *mucositat*
món, rodamon	→	*mundial, tercermundista*
pols (f.), espolsar, polseguera	→	*pulverulent*
sorgir, ressorgir	→	*insurgent*
títol, subtítol	→	*titular, titulació, subtitular*

Abreviacions

Una abreviació és qualsevol reducció gràfica d'un mot o d'una frase per mitjà d'abreviatures, sigles o símbols. L'abreviació d'un mot sempre ha de ser un procediment d'excepció. Hi ha quatre tipus d'abreviacions: les abreviatures, les sigles, els acrònims i els símbols.

Abreviatura

Reducció gràfica de termes d'ús freqüent, dels quals s'han suprimit algunes lletres mantenint-hi almenys la inicial. Sempre conserva els diacrítics i es caracteritza pel punt al final. És el procediment d'escurçament més productiu, ja que permet la creació segons les necessitats de qui escriu.

Creació d'abreviatures

Hi ha dos procediments de creació:

1. **Per suspensió**: la paraula es talla en un moment determinat i se n'omet la resta.
2. **Per contracció**: la paraula conserva un fragment inicial i final i se n'omet l'intern.

- Procediments de formació de les abreviatures **per suspensió**:
  - — Després de la lletra inicial normalment si aquesta és vocal.
    a. de C. → *abans de Crist*
  - — Després de les consonants posteriors a la vocal de la primera síl·laba o subsegüents (compte: els dígrafs s'han de conservar intactes: *ll*, *rr*, *ss*, etc., l'única excepció són els dígrafs *qu* i *gu*).
    agr. → *agricultura*
    mil·l. → *mil·lèsim*
    esq. → *esquerra*
- Procediment de formació de les abreviatures **per contracció**:
  - — Les regles són menys precises que les anteriors i sovint procedeixen de la taquigrafia.
    fra. → *factura*

Criteris d'escriptura de les abreviatures

- — Sempre s'escriuen en rodona.
- — Sempre amb punt final, o bé, també amb una barra.
  c/e correu electrònic
  av. avinguda
- — Els ordinals expressats en xifres poden dur un punt al final o no.
  3r. o 3r
- — S'han de conservar els accents, si convé.
  pàg. → *pàgina*
- — Les úniques abreviatures que tenen plural (s'hi afegeix *s*) són les que tinguin com a formant la part final del mot sencer.
  dte. → *deute*
  dtes. → *deutes*
- — Cal evitar les reduplicacions saxones (excepcions: les abreviatures històriques PPCC, CCOO, MMRR).

Sigla

Una sigla és una lletra o lletres inicials d'un o més mots usades com a abreviacions. La sigla és un procediment molt habitual d'abreviació de les denominacions de persones jurídiques o de sintagmes fixos en les terminologies especialitzades del món cientificotècnic.

IPC (índex de preus de consum), pronunciat *ipecé*.

PIB (producte interior brut), pronunciat *pib* o *peibé*.

Quan una sigla és pronunciable deixa de ser una abreviatura per convertir-se en un mot i tendeix a reemplaçar la forma desenvolupada.

He pagat 3.000 euros d'impost sobre el valor afegit.

He pagat 3.000 euros d'IVA.

La detecció de la síndrome d'immunodeficiència adquirida ha avançat de manera clara.

La detecció de la sida ha avançat de manera clara.

Quan una sigla té un valor internacional molt generalitzat no s'ha de traduir.

PC (ordinador personal: 'personal computer')

Símbols

Un símbol és una abreviatura d'ús obligatori, ja que està regulada per organismes oficials. Els símbols no duen mai punt i no tenen marca de plural.

% (tan per cent)

£ (lliura)

Criteris d'escriptura dels símbols

- S'escriuen sempre en rodona.
- Són invariables pel que fa al plural.
- No porten mai punts, però poden portar caràcters especials: *cm*^{2}
- Cal deixar sempre un espai entre la xifra i el símbol: *59 $*
- S'escriuen sempre en minúscula llevat dels que provenen d'un nom propi (*J Jules*), els símbols per indicar quantitats elevades (*M = milió*) i els punts cardinals (*N = nord*).

Acrònims

Un acrònim és una denominació composta per fragments d'una expressió complexa i que és susceptible de ser pronunciada com un mot.

GENCAT → *Generalitat de Catalunya*

Informàtica → *informació automàtica*

Criteris d'escriptura de les sigles i els acrònims

- Sempre s'escriuen en rodona.
- Sempre en majúscules llevat de casos d'unitats lexicalitzades (*ovni*).
- No tenen plural.

El primer cop que les utilitzem hem d'indicar la forma desenvolupada i entre parèntesis la sigla que la representarà.

ACTIVITATS

1 Separa el lexema i els afixos de les paraules següents i indica'n també els canvis ortogràfics:

a desfigurar →
b subaltern →
c emmalaltir →
d esclavatge →
e realitat →
f desfiguradament →
g sapastre →
h esperançadora →

2 A partir del lexema de les paraules següents escriu-ne dos derivats:

a càlcul → /
b moneda → /
c llum → /
d blanc → /
e part → /
f rompre → /
g seure → /
h fill → /
i magatzem → /
j sorra → /

3 Escriu un derivat fent servir un dels afixos que et proposem:

anÇa/ença, ància/ència, atge

a esperar →
b president →
c aliar →
d bo →
e branca →
f confiar →
g conèixer →
h comparèixer →
i importar →
j marit →

4 Fes un derivat verbal amb cada un dels adjectius següents:

a digne →
b pesat →
c transparent →
d negre →
e valent →
f suau →
g tendre →
h dolç →
i blanc →
j fidel →
k fals →
l lleuger →

5 Fes el mateix amb els noms següents:

a taronja → ....
b sucre → ....
c paper → ....
d cara → ....
e tecla → ....
f pedal → ....
g canvi → ....
h pluja → ....
i enquesta → ....
j ratlla → ....
k sobre → ....
l estoig → ....

6 Completa el quadre següent:

		prefix	lexema	infix	sufix
a	escanyar				
b	desmuntar				
c	emmarcar				
d	asseure				
e	nevisquejar				
f	desembussar				
g	emmagatzemar				
h	enregistrament				
i	trencadissa				
j	enaltiment				
k	desesperació				
l	bescanviable				
m	gotellada				
n	pelleter				
o	pneumotòrax				
p	antihistamínic				
q	emprenedor				
r	alfabetització				
s	insostenibilitat				
t	desgrapadora				
u	emblanquinatge				

7 Afegeix els prefixos *in-* o *en-* i fes les modificacions ortogràfiques que calgui als mots següents:

a bevible → ....
b real → ....
c classificable → ....
d legal → ....
e marc → ....
f flexible → ....
g limitat → ....
h mutable → ....
i blanc → ....
j lògic → ....
k negre → ....
l localitzable → ....
m pertinent → ....
n passat → ....
o mòbil → ....
p pensable → ....

Formació de paraules

8 Escriu derivats de les paraules següents i indica la categoria gramatical tant de la paraula primitiva com de la derivada:

		categoria gramatical	derivada	categoria gramatical
a	canya			
b	pou			
c	sort			
d	baf			
e	pla			
f	pres			
g	pau			
h	corda			
i	vent			
j	sol			
k	virtut			
l	llibre			
m	plat			
n	mà			

9 Escriu dos derivats amb cadascun dels sufixos que s'especifiquen:

col·lectius	-eda		
	-ada		
	-alla		
	-atge		
	-at		
	-am		
oficis	-er		
	-ista		
	-aire		
	-à		
gentilicis	-à		
	-ès		
	-enc		
	-í		

10 Escriu un verb que substitueixi cada una de les locucions següents:

a fer dormir → ....

b fer callar → ....

c fer entrar → ....

d fer sortir → ....

e fer fastig → ....

f fer ràbia → ....

g fer por → ....

h fer vergonya → ....

i fer tornar boig → ....

j fer tornar sord → ....

k fer càlculs → ....

l fer cabre → ....

11 **Escriu un verb a partir dels substantius i adjectius següents:**

a escalf → ....
b vernís → ....
c favor → ....
d verí → ....
e fluix → ....
f tou → ....
g pres → ....
h ric → ....
i paraula → ....
j pluja → ....

12 **Forma adverbis acabats en -*ment* a partir d'aquests adjectius:**

a tranquil → ....
b comú → ....
c tendre → ....
d minso → ....
e ple → ....
f culte → ....
g útil → ....
h feliç → ....
i pobre → ....
j rude → ....
k solidari → ....
l especial → ....

13 **Indica el primitiu dels mots següents i digues quina relació hi poden tenir:**

a forquilla → .... / ....
b càpsula → .... / ....
c corbatí → .... / ....
d llençol → .... / ....
e pescall → .... / ....
f pastilla → .... / ....

14 **Escriu el pseudoderivat dels mots següents:**

a llet → ....
b cervell → ....
c fill → ....
d boca → ....
e calb → ....
f llavi → ....
g doble → ....
h jove → ....
i mon → ....
j dolç → ....

15 **Digues el gentilici corresponent als topònims següents:**

a Andorra → ....
b Cubelles → ....
c Sant Cugat → ....
d Badalona → ....
e Alcoi → ....
f Xàtiva → ....
g Alguer → ....
h Perpinyà → ....
i Cornellà → ....
j l'Hospitalet → ....
k Maó → ....
l Palma → ....
m Castelló → ....
n Maó → ....
o Tortosa → ....
p Figueres → ....
q Sant Sadurní → ....
r Taradell → ....

Formació de paraules

16 **Escriu almenys un derivat culte de cada un dels mots següents:**

-al

Exemple: *veí → veïnal*

a boca → ....

b crani → ....

c llavi → ....

d astre → ....

e mes → ....

f comarca → ....

-ssió/ -ció

Exemple: *coure → cocció*

g comprimir → ....

h percebre → ....

i concedir → ....

j escindir → ....

k percudir → ....

l beneir → ....

m suprimir → ....

n absorbir → ....

o estimar → ....

p desesperar → ....

17 **Relaciona cadascun d'aquests mots compostos amb el seu significat:**

a llepafils	**1** il·lús
b esquenadret	**2** pobre
c ploramiques	**3** traïdor
d tocacampanes	**4** maniàtic
e buscabregues	**5** somicaire
f somiatruites	**6** dependent
g figaflor	**7** fluix, fleuma
h perdonavides	**8** gandul
i tastaolletes	**9** arrauxat
j caragirat	**10** tranquil
k pelacanyes	**11** fanfarró
l bocamoll	**12** bel·licós
m saltataulells	**13** indecís
n setciències	**14** inconstant
o panxacontent	**15** saberut
p cagadubtes	**16** xerraire

18 Forma paraules compostes combinant els mots de les dues columnes:

a escura	**1** equipatge	→ ....
b pica	**2** plats	→ ....
c trenca	**3** raons	→ ....
d enterra	**4** closques	→ ....
e porta	**5** llaunes	→ ....
f lliga	**6** cama	→ ....
g tira	**7** morts	→ ....
h compta	**8** ferro	→ ....
i arrenca	**9** línies	→ ....
j talla	**10** sang	→ ....
k obre	**11** butxaques	→ ....
l cerca	**12** porta	→ ....
m guarda	**13** tinters	→ ....
n lleva	**14** gotes	→ ....
o pixa	**15** roba	→ ....
p renta	**16** brisa	→ ....
q para	**17** queixals	→ ....
r esclata	**18** taps	→ ....

19 Relaciona les partícules cultes i forma cultismes usuals:

a crono (temps)	**1** -fòbia (aversió)	→ ....
b antropo (home)	**2** -grafia (escriptura)	→ ....
c biblio (llibre)	**3** -fàgia (menjar)	→ ....
d xeno (estranger)	**4** -teràpia (tractament)	→ ....
e foto (llum)	**5** -metre (mesura)	→ ....
f micro (petit)	**6** -teca (dipòsit)	→ ....
g tele (distància)	**7** -grafia (escriptura)	→ ....
h psico (ànima)	**8** -scopi (veure)	→ ....

20 Relaciona els mots de la dreta amb el segon element de la locució que els falta:

a carn	**1** de poll
b cul	**2** de moro
c ull	**3** de sac
d esperit	**4** d'olla
e caixa	**5** de nit
f blat	**6** rodona
g tauleta	**7** de seda
h cuc	**8** d'obstacles
i cursa	**9** de cabals
j taula	**10** de vi

Formació de paraules

21 Crea l'abreviatura de les paraules següents:

a municipal → ....

b expressió → ....

c carretera → ....

d avinguda → ....

e diccionari → ....

22 Crea la sigla dels sintagmes següents:

a programa prescriptiu → ....

b expedient acadèmic → ....

c informe prescriptiu → ....

d unitat formativa → ....

e component essencial → ....

f entitat sense ànim de lucre → ....

g diari de visites → ....

23 Busca el significat de les sigles següents i digues si s'han lexicalitzat o no.

a LÀSER → ....

b TDHA → ....

c UE → ....

d SIDA → ....

e ADN → ....

f PI → ....

g TAC → ....

h CAP → ....

i CIS → ....

j KO → ....

k SOS → ....

l ESO → ....

m IBI → ....

n IEC → ....

Quins problemes d'interpretació has tingut?

....

....

....

....

Cerca en el diccionari les paraules *làser* i *sida*. Comprova'n la grafia i justifica-la.

....

....

24 **Cerca o crea una sigla i un acrònim dels sintagmes següents:**

		sigla	acrònim
a	Centre de Recursos		
b	Estació central d'alarmes		
c	Bombers de Catalunya		
d	Hospital General de Vic		
e	Xarxa de clavegueram		
f	Govern de l'estat		
g	Institut d'Estudis Catalans		
h	Diccionari català, valencià, balear		
i	Sant Cugat del Vallès		
j	Servei català de finances		

Justifica en cada cas quina de les dues propostes et sembla més encertada o més reeixida.

a ....

b ....

c ....

d ....

e ....

f ....

g ....

h ....

i ....

j ....

25 **Escriu els símbols que corresponguin a les paraules o sintagmes següents:**

a clau de sol → ....

b lliura → ....

c sumatori → ....

d dòlar → ....

e graus Celcius → ....

f quilòmetre → ....

g plata → ....

h decàmetre → ....

i logaritme → ....

j coeficient de Poisson → ....

26 **Abreuja, sempre que puguis utilitzant sigles, acrònims o símbols:**

a A la unitat de cures intensives d'aquell hospital m'ha atès un ajudant tècnic sanitari molt agradable.

....

b El Departament d'Economia ha publicat l'índex de preus al consum del mes de març.

....

c L'índex de contaminació lumínica està regulat per la Llei de Qualitat de l'Aire i Protecció de l'Atmosfera.

....

d El telèfon d'informació del Servei Català de Trànsit comunicava constantment.

....

Unitat 23: Relacions semàntiques

- **Semàntica**: branca de la lingüística que estudia el significat dels morfemes o les paraules.
- **Lexicologia**: branca de la lingüística que estudia l'estructura i l'origen de les paraules d'una llengua i les relacions que s'hi estableixen a partir de la seva forma.
- **Lèxic**: conjunt de paraules que constitueixen una llengua.

Les **paraules** tenen un doble component:

- **significant** (representació gràfica) → casa [**kázə**]
- **significat** (concepte) → 

De la combinació d'aquestes dues característiques sorgeixen una sèrie de relacions semàntiques.

Relacions semàntiques

entre significants	**homonímia**	Dues o més paraules tenen la mateixa grafia o pronúncia i diferent significat.
entre significants i significats	**homosèmia**	Un significant té un significat.
	polisèmia	Un significant té dos o més significats.
	sinonímia	Dos o més significants tenen el mateix significat.
entre significats	**hiperonímia i hiponímia**	Significat genèric en relació amb una o més paraules de significat específic.
	antonímia	Dos significants tenen significats contraris.

Polisèmia i homonímia

Paraules polisèmiques

- Afecta un significant que adopta més d'un significat.
- En els diccionaris es representen en una entrada única amb diverses accepcions.
- Entre els significats de la paraula polisèmica hi ha algun tipus de relació semàntica.

banc (seient) / *banc* (establiment financer)

Paraules homònimes

- Afecta diversos significants.
- En els diccionaris es representen en entrades separades.
- Entre els significats de les paraules homònimes no hi ha cap tipus de relació semàntica:

grill (insecte) / *grill* (part d'algunes fruites)

TINGUES EN COMPTE

- **Homògrafs**: homònims que s'escriuen igual.
- **Homòfons**: homònims que es pronuncien igual però s'escriuen diferent.

homòfons { *beu* (beure) / *veu* (so) / *veu* (veure) }

{ *veu* (so) / *veu* (veure) } homògrafs

RECORDA

Algunes **paraules homònimes** es diferencien pel gènere:

el canal (pas d'aigua)	*la canal* (conducte)
el pudor (vergonya)	*la pudor* (mala olor)
el son (estat fisiològic)	*la son* (ganes de dormir)
el fi (finalitat)	*la fi* (acabament)

RECORDA

Hi ha dos recursos lingüístics que ens permeten relacionar el significat antic i el nou:

- **Metàfora**: substitució d'un significant per un altre amb el qual té una certa relació de semblança (analogia).

  ratolí (animal) / *ratolí* (maquinari informàtic)

- **Metonímia**: substitució d'un significant per un altre amb el qual té una relació de causa/efecte; part/tot; continent/contingut...

  Vaig llegir Jaume Cabré.

  Es va beure una copa.

RECORDA

- **Sentit propi**: sentit originari d'una paraula en oposició a altres significats.

  Inflar: distendre un cos amb aire.

- **Sentit figurat**: sentit metafòric d'una paraula.

  El vent infla les veles. / El David m'infla el cap.

Tipus de sinonímia

Sinonímia total

Les dues paraules volen dir exactament el mateix i es poden intercanviar en tots els contextos. En són exemple els sinònims dialectals:

dur/portar

moix/gat

espill/mirall

RECORDA

Els sinònims sempre tenen la mateixa categoria gramatical.

Sinonímia parcial

Les dues paraules no volen dir exactament el mateix, depèn del context o el registre lingüístic. En la majoria de casos la sinonímia és parcial.

expirar, traspassar (registre culte)

morir (registre estàndard).

dinyar-la, fer l'ànec (registre col·loquial)

RECORDA

- **Falsos sinònims**: semblen sinònims, però no ho són.

  direcció/adreça
  medi/mitjà
  trànsit/tràfic/tràfec

Tipus d'antonímia

Antonímia complementària

Els significats s'exclouen mútuament:

home/dona
vida/mort

Antonímia recíproca

Els significats s'impliquen mútuament, és a dir, no es pot donar un sense que es doni l'altre simultàniament:

comprar/vendre
guanyar/perdre

Antonímia per gradació

Els significats se situen als límits oposats d'una escala i entre ells hi ha mots que indiquen graus:

fred *tebi* *calent*

Camp lèxic

Agrupació il·limitada de paraules, de la mateixa categoria gramatical o no, que poden associar-se amb algun tema.

- Transports: *cotxe, autobús, tramvia, avió, vaixell, motocicleta, bicicleta...*
- Meteorologia: *núvol, pluja, neu, baròmetre, termòmetre...*
- Zoologia: *tigre, lleó, elefant, cocodril, serp, pantera...*
- Esports: *futbol, bàsquet, handbol, ciclisme, natació, atletisme...*

Locucions, refranys i frases fetes

Locucions

Sintagma format per dues o més paraules que sempre es diuen de la mateixa manera, però no inclouen un verb.

de veritat
a dojo
de tot cor
a la babalà
de gom a gom
per aclamació

Refranys

Oració completa que generalment, de forma sentenciosa, expressa un pensament, a manera de judici, en què es relacionen almenys dues idees. Són sentències moralitzadores.

A l'estiu, tota cuca viu.
Qui dia passa, any empeny.
Qui de jove no treballa, quan és vell dorm a la palla.

Frases fetes

Frase d'una llengua que té una forma estereotipada i invariable, el significat de la qual no pot ser deduït del significat dels seus components, i que gairebé mai no es pot traduir literalment d'una llengua a una altra. Sempre contenen un verb.

Ploure a bots i barrals. (català)

Llover a cántaros. (castellà)

It's raining cats and dogs. (anglès)

ACTIVITATS

1 Escriu un sinònim de les paraules destacades del text següent, tingues en compte el context:

No hi ha cap mar tan blau com aquest, diu l'Elvira. Les dues noies **jeuen** a la **sorra** en aquella hora que la platja sembla que es **fongui**. Els **contorns** s'esborren, les veles diminutes **tremolen**, els núvols de la tarda es **desplacen** lentament.

—Vols dir el Mediterrani?

La Roser **s'incorpora** una mica i, sostenint-se en els colzes, mira a banda i banda. Ja no queda pràcticament ningú, només una dona gran amb banyador blau marí que llegeix, asseguda damunt de la **franja** de sorra més **fosca**, arran d'onada, i un grup d'adolescents que juguen a pilota i deixen anar petits **xisclets**, riures que suren.

SÍLVIA SOLER, *L'estiu que comença*

a jeuen → ....

b sorra → ....

c fongui → ....

d contorns → ....

e tremolen → ....

f desplacen → ....

g s'incorpora → ....

h franja → ....

i fosca → ....

j xisclets → ....

2 Encercla, en cadascuna de les sèries, la paraula o expressió que no és sinònima del primer terme:

a espavilat → culte, eixerit, llest, complex

b insòlit → excepcional, extraordinari, irregular, imprecís

c especial → estrany, original, diferent, impropi

d taula → enumeració, inventari, llista, problema

e pàgina → foli, full, fulla, plana

f adonar-se → advertir, distingir, notar, desar

g llibreta → lligall, bloc, cartipàs, quadern

h parlar → enraonar, conversar, cridar

i trànsit → tràfic, tràfec, circulació

j escoltar → auscultar, sentir, percebre

Relacions semàntiques

3 Fes com en l'activitat anterior:

- **a** senzill → simple, modest, assequible
- **b** complicat → compost, difícil, complex
- **c** correcte → similar, adequada, idònia
- **d** feixuc → feix, pesat, greu
- **e** decidit → agosarat, valent, flexible

4 Relaciona cada mot amb el seu sinònim:

a disbauxa	**1** por
b basarda	**2** soroll
c llepafils	**3** ressec
d encarcarat	**4** rígid
e fer patxoca	**5** gresca
f colgar	**6** empal·lidir
g eixarrancar	**7** obrir les cames
h fressa	**8** fer goig
i eixarreït	**9** cobrir
j esblaimar	**10** escrupolós en el menjar

5 Relaciona cada mot amb el seu sinònim dialectal i digues a quina varietat dialectal pertanyen.

a (..............................) granera	**1** besada (..............................)
b (..............................) espill	**2** roig (..............................)
c (..............................) petó	**3** mirall (..............................)
d (..............................) noi	**4** xiquet (..............................)
e (..............................) capell	**5** corder (..............................)
f (..............................) eixir	**6** pitxer (..............................)
g (..............................) mainatge	**7** escombra (..............................)
h (..............................) xai	**8** barret (..............................)
i (..............................) vermell	**9** mainada (..............................)
j (..............................) gerro	**10** sortir (..............................)

6 Classifica les paraules següents en dos grups segons si són sinònimes de *flexible* o d'*inflexible*:

doblegadís, rígid, empàtic, encarcarat, vincladís, fimbradís, díscol, dúctil, mal·leable, elàstic, adaptable, tolerant

flexible	inflexible

7 Classifica les paraules següents en dos grups segons si són sinònimes de *trist* o de *content*:

afligit, satisfet, campal, cofoi, pansit, moix, cofat, consirós, apesarat, joiós, encantat, malenconiós, pesarós, planyívol, desolador, alegre, orgullós, tètric, xiroi, ombriu, macilent

trist	content

8 Encercla els mots d'aquesta llista que puguin ser sinònims de saviesa:

cap, seny, cervell, enteniment, rucada,
judici, prudència, inòpia, raonament, senderi,
ciència, ignició, coneixement, saber, competència,
coneixença, cultura, civilització

9 Completa les oracions següents amb la paraula adequada de dins del parèntesi:

a Els alumnes .... amb atenció les explicacions, malgrat que .... soroll de fons. (escoltar/sentir)

b S'ha .... els pantalons i ha .... d'agafar-se una talla més petita. (emprovat/provat)

c Ja pots .... l'ampolla al contenidor, però no la .... amb força. (llençar/llançar)

d Ha .... els llibres dins l'armariet i s'ha .... la jaqueta per marxar. (ficar/posar)

e L'Elisenda ha .... els macarrons amb tonyina i ha .... de rectificar-los de sal. (provar/tastar)

10 Fes dues oracions on quedin clars els significats d'aquests falsos sinònims:

a abaixar/baixar

....

....

b abonar/adobar

....

....

c adreça/direcció

....

....

Relacions semàntiques

11 Fes com en l'activitat anterior:

a ampolla/butllofa

b assecar/eixugar

c assenyalar/senyalar

d bodega/celler

e borsa/bossa

f cabal/cabdal

g caixa/capsa

h cataracta/cascada

12 Explica les diferències de significat dels falsos sinònims següents:

a alçada/altura/alçària

b plànol/planell

c data/dada

d esborrany/esborrador

e complet/complert

13 Busca un antònim per a cadascun dels mots següents. Digues, a més, quina relació d'antonímia s'hi estableix.

- **a** artificial → .... / ....
- **b** enderrocar → .... / ....
- **c** pulcre → .... / ....
- **d** obac → .... / ....
- **e** tibar → .... / ....
- **f** sec → .... / ....
- **g** poruc → .... / ....
- **h** precís → .... / ....
- **i** fred → .... / ....
- **j** cru → .... / ....
- **k** primmirat → .... / ....

14 Relaciona les paraules antònimes:

a emocionar	**1** cortesia
b grolleria	**2** negligir
c vigilar	**3** corpori
d eteri	**4** desemparar
e aixoplugar	**5** asserenar
f pignorar	**6** clar
g equívoc	**7** marcit
h esponerós	**8** desempenyorar
i d'hora	**9** festiu
j oblit	**10** record
k feiner	**11** tard

15 Digues quins d'aquests antònims són complementaris, inversos/recíprocs o formen part d'una gradació:

		complementaris	inversos/recíprocs	formen part d'una gradació
a	pares/fills			
b	gall/gallina			
c	admès/exclòs			
d	blanc/negre			
e	sortir/entrar			
f	aprovar/suspendre			
g	riure/plorar			
h	aterrar/enlairar			
i	metge/pacient			
j	veritat/mentida			
k	gras/prim			

Relacions semàntiques

16 **Substitueix el mot en negreta per un antònim:**

- a El bitllet d'avió té un preu **assequible**. → ....
- b El servei de Rodalies va quedar **reestablert**. → ....
- c Van **empresonar** l'estafador de qui parlàvem. → ....
- d Aquella regidora té un to de veu massa **agut**. → ....
- e L'**enriquiment** del constructor no era aigua clara. → ....
- f Els dies **festius** ens recuperem del cansament → ....

17 **Ordena els antònims per gradació:**

a	☐ menut	☐ petit	☐ enorme	☐ mitjà	☐ gran
b	☐ excel·lent	☐ bé	☐ suficient	☐ aprovat	☐ insuficient
c	☐ prim	☐ escanyolit	☐ obès	☐ rabassut	☐ gras
d	☐ nit	☐ matí	☐ vespre	☐ tarda	☐ migdia
e	☐ plugim	☐ neu	☐ aiguaneu	☐ pluja	☐ calabruix
f	☐ fred	☐ tebi	☐ fresc	☐ congelat	☐ glaçat

18 **Relaciona els mots de les dues columnes:**

hipònim	hiperònim
a futbol	1 electrodomèstic
b planxa	2 planeta
c venus	3 fenomen atmosfèric
d galetes	4 pedra preciosa
e pluja	5 passatemps
f taula	6 alimentació
g sudoku	7 esport
h diamant	8 moble
i ratolí	9 maquinari

19 **Indica l'hiperònim corresponent a cada grup de paraules:**

- a cotxe, moto, autocar, autobús → ....
- b futbol, bàsquet, handbol, vòlei → ....
- c maduixes, arròs amb llet, iogurt, flam → ....
- d rosa, margarida, tulipa, clavell → ....
- e taula, cadira, armari, llit → ....
- f taronja, pera, poma, préssec → ....
- g llapis, ploma, bolígraf, retolador → ....
- h carretera, camí, autopista, autovia → ....
- i muntanya, vall, turó, cim → ....
- j gos, gat, conill, cavall → ....
- k matalàs, somier, llit, coixí → ....

20 Agrupa els mots següents amb l'hiperònim corresponent:

ruixat, capçada, tronc, serralada, xàfec, boira, tija, fulla, gebre, congost, vessant, calitja, rosada, arrel, altiplà, turó, esvoranc, branca, brisa, oratge, avenc, tornado, mànega, clot, sot, llenya, escorça, glacera, huracà, cingle, cítric, llavor, rierol, meandre, cabal, brot, gorg, golf, aiguamoll

accidents geogràfics	fenòmens atmosfèrics	botànica

21 Agrupa els mots següents amb l'hiperònim corresponent:

artista, actor, salt mortal, escapista, faquir, escenari, cor, samba, prestidigitador, carpa, lona, xarxa, trampolí, coreografia, ballet, truc, pallasso, malabarista, conill, esbart, coral, salsa, tramoia, estrena, interpretar, galliner, joc de mans, bastidor, decorat, camerino, orquestra, banda, tutú, cosset, domador, tul, abracadabra, sabatilla de punta, platea, amfiteatre, llotja, teló, batuta

teatre	cinema	música	dansa	circ	màgia

22 Escriu dues oracions en què quedin clars els significats d'aquestes paraules polisèmiques:

a braç

....

....

b mà

....

....

c pols

....

....

Relacions semàntiques

23 Fes com en l'activitat anterior:

a plegar

....

....

b banc

....

....

c safata

....

....

d granota

....

....

24 Digues si les paraules en negreta de les oracions següents són polisèmiques o homònimes:

a El **fil** de l'eina estava acabat d'esmolar.
He de comprar **fill** blau per enganxar el botó del pantaló. → ....

b He pintat l'**ala** de la taula de color vermell.
La merla s'havia ferit a l'**ala**. → ....

c Als vespres el so dels **grills** era ensordidor.
M'he deixat un parell de **grills** de la taronja, ja no podia més. → ....

d M'he estirat al **banc** del parc perquè em marejava.
He demanat un préstec al **banc**. → ....

e Té una **veu** deliciosa.
El Genís **veu** cada dia com el pare l'estima. → ....

25 Explica els usos figurats d'aquests cinc animals i construeix una oració en sentit figurat:

a tortuga

....

....

b elefant

....

....

c rata

....

....

d puça

....

....

e peix gros

....

....

26 **Associa els eufemismes de la columna de l'esquerra amb el seu significat real:**

a núvol negre	**1** documents secrets
b danys col·laterals	**2** immigració
c agent comercial	**3** desfalc
d documents classificats	**4** xerraire
e cordar-se el cinturó	**5** obesitat
f tercera edat	**6** venedor
g comptabilitat indeguda	**7** vellesa
h escalfar banqueta	**8** augment de preus
i incontinència verbal	**9** víctimes civils
j actualització de preus	**10** estalviar
k sobrepès	**11** ser suplent
l mobilitat exterior	**12** situació conflictiva

27 **Relaciona les següents frases fetes amb el significat de la columna de la dreta:**

a fer figa	**1** fer enveja menjant
b fer dissabte	**2** arribar tard
c fer denteta	**3** netejar
d fer creu i ratlla	**4** fer el ridícul
e fer el préssec	**5** quedar-se embarassada abans del casament
f fer Pasqua abans de Rams	**6** no voler saber res més
g fer salat	**7** defallir
h fer la llesca	**8** impedir que algú se'n surti

28 **Relaciona les frases fetes de les dues columnes que siguin sinònimes:**

a córrer la brama	**1** mantenir a ratlla
b pagar amb la mateixa moneda	**2** estar a l'aguait
c donar garsa per perdiu	**3** fer l'orni
d caure d'esquena	**4** donar gat per llebre
e fer el sord	**5** anar de boca en boca
f fer el cap viu	**6** quedar en paus
g parar els peus	**7** mofar-se de tothom
h riure's del mort i de qui el vetlla	**8** restar de pedra

29 **Relaciona cada locució amb l'explicació corresponent:**

a persona molt sorda	**1** gata maula
b anar completament nu	**2** sa i estalvi
c ple de ferides	**3** anar conill
d sembla innocent, però no ho és	**4** fet un llàtzer
e ser una bona persona	**5** ser un bon jan
f sense haver sofert cap mal	**6** ser dur d'orella

Relacions semàntiques

30 **Relaciona aquestes frases fetes amb el seu significat:**

a aixecar la camisa a algú	**1** tenir el poder
b ser figues d'un altre paner	**2** ensarronar
c beure a galet	**3** descobrir l'engany
d no tenir ni cap ni peus	**4** tractar-se d'una altra qüestió
e veure's el llautó	**5** complicar les coses
f no poder dir fava	**6** trobar-se en una situació difícil
g veure la padrina	**7** no tenir cap sentit
h posar fil a l'agulla	**8** estar molt cansat
i agafar fums	**9** enganyar
j menjar del mateix plat	**10** esdevenir vanitós
k remenar les cireres	**11** avenir-se
l embolicar la troca	**12** sentir molt de dolor
m tenir mala peça al teler	**13** començar una feina

31 **Completa cada frase amb el terme més precís dels dos que hi ha entre parèntesis. Reflexiona sobre en quin sentit es pot utilitzar l'altre mot.**

a No m'agrada la carn amb massa (greix/grassa) ....

....

....

b L'Elisenda començarà al setembre la carrera de (medicina/medecina) ....

....

....

c En la investigació del robatori van trobar (ditades/empremtes) .... del detingut pertot arreu.

....

....

d Les noves (mides/mesures) .... adoptades pel Govern poden ser la solució.

....

....

e Té una contractura als (músculs/muscles) .... de la cama dreta.

....

....

f Hi ha un error en la (adreça/direcció) .... que em vau donar i per això no us arriba el correu.

....

....

g Va perdre el control dels esquís i es va (estavellar/estrellar) .... contra un canó de neu.

....

....

Castellnou
EDICIONS